カントの「嘘論文」を読む

なぜ嘘をついてはならないのか

小谷 英生
Hideo KOTANI

白澤社

はじめに

人間は嘘をつく生き物である。やったことを「やってない」と言い張ったり、やってないのに「もうやった」と言って、後でこっそりやっておくといったような経験は、誰にでもあるはずだ。社交の場で心にもないお世辞を言ったり、和を乱さないよう嫌々ながら同調したりするのは、むしろ私たちが身に着けるべき社会性に含まれているようにさえ思われる。

同じことの裏返しとして、私たちはしばしば、相手が嘘をついているかもしれないという前提の下でコミュニケーションを取ることがある。遅刻中の人から「三十分後に到着する」と連絡が入った場合には、もう十五分ほど余計に見積もっておいたほうが無難である。何かの営業を持ち掛けられた場合には、「上手い話には裏がある」ことを念頭に置いて先方と対話するのが得策である。SNSや匿名掲示板に至っては、書き込み内容の真偽をまず疑ってかかることが、リテラシーの一部になっている。

私たちはある程度年齢を重ね、世間慣れしてくると、善意であれ悪意であれ、人間は嘘をつく生き物だということを念頭に置いて人づきあいするようになる。ある程度発達したコミュニケーションの中では、嘘をつくことは自然な所作なのかもしれない。嘘をつくのは人間だけでない。犬や猫だって、さっき餌を食べたばかりなのに「今日はまだ何も食べていない」といった仕草で食べ物をねだることがある。世の中は嘘で回っているようにさえ思われるのだ。

にもかかわらず、「嘘をついてはならない」という禁止命令（禁止ルール）が、私たちの社会には存在している。これは、小さな子どもでさえ知っている（感覚的に分かっている）常識的なルールである。これだけ世間に嘘が蔓延しているのだから、このルールは戯言であり、無視してもかまわないとする人もいるかもしれない。そこまでではないとしても、相手を気遣った嘘（いわゆる「やさしい嘘」）ならば許されると考える人は、かなりの数に上るだろう。しかし、例えば子どもに対して、「周りがなんと言おうとも、嘘をついてもいいんだぞ」と教育する人は、ほとんどいないのではないか。言いかえれば、嘘の禁止は、一般論としては認めざるをえないのではないだろうか。

いや、一般論に留まるものではないだろう。嘘の禁止は、立場や局面によっては遵守すべき重要なルールであることも、私たちは身に染みて分かっているはずだ。自動車の安全基準に関するデータ偽装は後を絶たないが、これは私たちの生命の危機に直結する深刻な嘘である。政府や政治家の嘘は、民主主義の健全な運営や、税金の公平な使途に関わる一大事である。学問における捏造は、真理の探究を阻害する害悪であり、学者コミュニティの中で厳しく罰せられるようになってきている。裁判も同様で、証人は真実を述べるよう誓うことが義務づけられており、正当な理由なく拒否した場合には罪になる（宣誓証言拒否罪）。宣誓したうえで嘘をついた場合には、偽証罪が適用されうる。

このように嘘の禁止は、一般に広く認知された常識というだけでなく、真面目に遵守すべき社会的ルールとして通用している。世の中に嘘が蔓延しているにもかかわらず、あるいは世の中が嘘で回っているという印象とは裏腹に、私たちの社会は「嘘をついてはならない」という原則の下で成り立っているのである。

それゆえ嘘の禁止それ自体の是非が問題になることは、実際にはほとんどない。議論が分かれるのはその妥当性の範囲であり、例外の有無である。すなわち、いつどんな場合でも、私たちは嘘をついてはならないのか。それとも然るべき場合には、嘘をつくことが許されるのか。

本書第Ⅱ部で翻訳・解説を行なうカントの「嘘論文」（正式名称は「人間愛から嘘をつく権利という、誤った考えについて（*Über ein vermeintes Recht aus Menschenliebe zu lügen*）」）は、まさにこの問題を扱っている。そもそもカントの道徳的立場は義務論と呼ばれ、たとえいかなる場合でも道徳的義務は遵守されなければならないとする立場である。嘘の禁止もこれに該当し、いついかなるときでも嘘をついてはならないというのがカントの主張であった。これを批判したのが、バンジャマン・コンスタンである。カントにしたがえば、「ある殺人者がいて、私たちの友人を追っている。そして私たちに、彼をかくまっていないかと尋ねたとしよう。そのとき殺人者に嘘をつくことは、犯罪にな」ってしまう（本書八五頁）。これは馬鹿馬鹿しい帰結であり、到底容認できないというのがコンスタンの批判である。

「嘘論文」はこのような批判に対するカントの応答である。本論文については少し前に日本でもブームになったマイケル・サンデルの『これからの「正義」の話をしよう』でも取り上げられており、記憶に残っている読者の方もいるかもしれない(1)。コンスタンの論難は、現代では次のように改変されて提示されることが多い。ある日ナチスの突撃隊員がやってきて、あなたがユダヤ人を匿っているかどうかを尋ねてきた。あなたは実際に匿っている。このような場合でも、あなたは嘘をついてはならないのだろうか――。

このような事例においてさえ、やはり嘘をついてはならないというのがカントの回答であった。その理由として、カントの厳格な義務論的立場（たとえどのような結果になろうとも、義務を果たすべきだ）が引き合いに出されることがしばしばであり、サンデルも同じように理解している。

だが、問題はそのような個別の行為選択に留まるものではなかった。カントが応答すべき真の反論は、「真実を言うことは義務であるという倫理的原則は、無条件的なもの、絶対的なものとして受け取られてしまうならば、あらゆる社会を不可能にしてしまうだろう」（八五頁、傍点引用者）というコンスタンのテーゼであったからである。したがってカントの回答全体も、ただ「真実を言うことは義務である」という主張を繰り返すだけではなく、それがむしろ道徳的に適切な社会を可能とする旨の論証へと向けられている。

本書は嘘をめぐる現代的問題を視野に入れながら、カントの「嘘論文」を翻訳・分析するものである。本書は以下のように進む。

第Ⅰ部では、嘘という概念についての哲学的分析を行なう。そこでは嘘とは何か、正直さの義務はあるのか、嘘がもたらす害悪とは何かという三つの問いに、なるべく平易な文章で回答しようと試みた。

第Ⅱ部では、カントの「嘘論文」の概略を示し、執筆背景について簡単に整理した後、「嘘論文」の翻訳を掲載した。

第Ⅲ部では、コンスタンのカント批判を踏まえながら「嘘論文」を詳細に分析し、『永遠平和論』などのサブテクストを用いながら政治に対する道徳の優位というカントの立場を明確化した。このパートは、二〇一八年に筆者が発表した論文「政治に対する道徳の優位――いわゆる『嘘論文』におけるカントのコンスタン批判について――」をリライトしたものである。

本書は専門研究者向けではなく、より広く一般的な読者層を念頭に執筆された。そのため、先行研究などについての言及は最小限に留めた。カントの「嘘論文」に関してさらに調べたい読者は、参考文献一覧から別の研究にも当たってほしい。

〈注〉

（1）サンデル、二〇一一、二一一頁以下を参照。

カントの「嘘論文」を読む——なぜ嘘をついてはならないのか◎目次

カントの「嘘論文」を読む——なぜ嘘をついてはならないのか◎目次

はじめに・3

第Ⅰ部　「嘘」概念を整理する

第1章　嘘とは何か——14
1　嘘と真実・14
2　意図について・19
3　アンスコムの分析・21
4　嘘を定義する・23

第2章　正直であれば何を言ってもよいのか——27
1　デマについて・27
2　正直さがもたらす害悪・30
3　正直さと誠実さ・33
4　正直さの義務はあるのか・36

第3章　嘘の害悪について　40
1　嘘と正直さの非対称性・40
2　嘘の容認・44
3　私たちの規範意識を問い直す・48
4　バレない嘘は最悪である・54
5　嘘は本人をも傷つける・58
6　嘘の禁止の厳格適用は正しいのか・61

第Ⅱ部　カントの「嘘論文」解題と翻訳

第4章　カント「嘘論文」解題　68
1　「嘘論文」の射程・68
2　論文出版の経緯と評価・76
3　翻訳について・82

第5章　カント「人間愛から嘘をつく権利という、誤った考えについて」（小谷英生＝訳）　85

第Ⅲ部　政治に対する道徳の優位

第6章　カントの反論 ―― 98

1　「嘘論文」に対する疑問点・98
2　コンスタンの論難・99
3　義務と権利・106
4　人間愛は美しいか・111

第7章　コンスタンの原理概念 ―― 115

1　カントとコンスタンの立場の異同・115
2　「政治的反動について」の基本的性格・117
3　コンスタンの原理理解・120
4　中間原則について・123

第8章　道徳的な政治とは何か ―― 127

1　政治の原則・127
2　道徳的政治家と政治的道徳家・131
3　老カントの政治思想、ここに極まれり・137

おわりに・141
参考文献一覧・148

第Ⅰ部　「嘘」概念を整理する

第1章　嘘とは何か

1　嘘と真実

ちょうどこの原稿を書きはじめた二〇二四年元日、能登半島を震源とする地震が発生した。一部地域では大規模火災に見舞われ、道路が寸断され、ライフラインがストップして半島の一部が孤立する大惨事となった。一年間で最も人の動きの少ない祝日ということもあり、行政やメディアの対応はどうしても鈍く、被害の全貌も救助活動の先行きも見えない状態が続いた。死傷者・行方不明者や家財を失った者はもちろんのこと、農業・漁業をはじめとする間接的な被害を含めると、震災が与える影響の大きさは計り知れない。

そうした中、SNSではやれ人工地震だとか、やれ外国人窃盗団が押し寄せてくるなどといった、震災にはつきもののデマが飛び交った。とくにX（旧Twitter）ではインプレッション（視聴回数）稼ぎを目的とした悪質な投稿が相次ぎ、NHKが即座に「災害に便乗した偽情報・

デマ・犯罪に注意を」というメッセージを発するまでに至った[1]。

偽情報やデマは現場を混乱させ、必要な救助が得られない人々や地域を生みかねない。人命や財産、尊厳を奪いかねないような火事場の嘘は、決して許されるものではない。それは例えばサプライズ・プレゼントのための嘘などとは異なり、害悪極まりない嘘なのである。

とはいえ、「あれは人工地震であり、日本は某国から攻撃を受けている」といった荒唐無稽な情報発信を行なっている場合でも、かなずしも当人が嘘をついているとはかぎらない点に注意が必要である。彼らが人工地震説を信じ切っていて、本心で（そして彼らなりの正義心から）そう言っていることもありうるからである。いかに馬鹿げた発言であったとしても、本人が嘘つきだということにはならない。このことは、純朴な子どもが「月にはウサギが住んでいる」とか「大きくなったらパンダになりたい」などと言ったとしても、その子が嘘をついているわけではないのと同様である。

反対に誰かがついた嘘が、実は真実であるというパターンもありうる。例えば母親が子どもに「冷蔵庫にはもうプリンは入っていません」と言ったとしよう。これは子どもにプリンを食べられないための嘘であり、本当は後でこっそり食べようとして母親が隠しているのだ。ところが、夜になって冷蔵庫を開けると、本当にプリンがなかった。昨日の夜中に父親が食べてしまったからである。このとき「冷蔵庫にはもうプリンは入っていません」という嘘は、実は真実を告げていたことになる。

このような事態を想像しただけでも、嘘とは「客観的な真実に反した表明を行なうこと」であると、単純に定義することはできないだろう。私たちは嘘と非真実を同一視しがちであり、たしかに重なる場合も多いのだが、概念的には区別しなければならない。さもなければ、嘘と事実誤認の区別ができなくなってしまうからである。始皇帝は水銀（猛毒！）を不老不死の薬だとして飲んでいたが、家臣に嘘をつかれていたわけでも、自分に嘘をついていたわけでもなかっただろう。

世の中が嘘だらけであるのは事実であるが、しかし何でもかんでも嘘だということにはならない。筆者の見立てでは、嘘でないものが嘘だと糾弾されるケースも少なくないのである。約束を守らなかった場合がそうである。約束を破った人はしばしば「嘘つき！」と非難されるが、それが正しいのは、最初から守るつもりのない約束をした場合だけである。私があなたに一週間後に返す約束で借金をしたとしよう。そして約束をした時点では本当にお金を返すつもりで借金をしたが、予定が狂ってしまったためにお金が準備できず、返済が滞ってしまったとする。このとき、一方的な約束の破棄に対しては、責められても仕方がない。それでも、嘘つきと誹《そし》られる謂《いわ》れはないのである。立場上、そのような非難を受け入れるしかなさそうではあるものの、それは私が嘘をついたかどうかとは別の話である。

「嘘つきは泥棒の始まり」という慣用句があるが、考えてみればこれも不思議な言葉である。空き巣は、誰もいない時間を狙って民家に侵入する。腕の立つスリは、ターゲットのポケットの中身を気づかれないように盗み出す。つまり彼らは誰とも会話をしないので、嘘をつく必要がないのである。このように嘘が泥棒にとって必須のスキルではない以上、「嘘つきは泥棒の始まり」というのは論理的な飛躍を含んでいる。実際、もしも私が犯罪を家業としていて、自分の子どもたちを犯罪者にしようとするならば、嘘の上手い子どもは泥棒ではなく詐欺師として育てるにちがいない（絶対にそんなことはしないし、してはならない）。

もちろん泥棒は犯罪の典型例として挙げられているだけであって、「嘘つきは泥棒の始まり」という言葉は、「嘘は犯罪一般への入り口となる」という意味であることは分かっている。詐欺師のように嘘による犯罪はもちろんであるが、ついてしまった嘘を誤魔化すために行なわれる犯罪は、世の中に溢れている。秘密を隠しきれなくなったために相手を殺してしまうといった事件は、推理小説のお決まりである。友人の前で「このゲーム持ってるから、今度貸してあげるよ」と嘘をついた中学生が、引くに引けなくなってそのゲームを万引きしてしまうような場合には、まさに「嘘つきは泥棒の始まり」を体現しているだろう。

それでも、デマや偽情報の流布、約束の破棄、泥棒は、かならずしも嘘つきではない。そうした行為を遂行する際に、あるいは後で疑われた際に苦しまぎれの嘘が語られるかもしれないが、絶対に嘘を媒介にしなければならないわけではない。多くの悪事には嘘が混じっているものだが、それらは嘘をつかなければ成立しないわけではないのである。

以上のように見てくると、ふだん私たちは嘘というものをぼんやりとしか理解していないのではないか、という疑問が浮上する。そこで嘘とは何か、嘘と嘘でないものをどう区別すべきかについて、哲学的に分析するのが得策だろう。カントの「嘘論文」に入る前に、第Ⅰ部ではまず、嘘概念の交通整理を行ないたい。

嘘について考えていく上でとくに厄介なのは、嘘の対概念である。ふだん私たちは嘘と真実を対比させるが、すでに述べたように、嘘だからと言って真実でないわけではないし、嘘でないからといって真実であるともかぎらない。次章で見ていくように、「嘘をつかない」ことは「正直に言う（本音を言う、ぶっちゃける）」ことであるともかぎらない。沈黙だって「嘘をつかない」ことに該当するからである。したがってまた「嘘をつくべきでない」からといって、ただちに「正直に言うべきだ」ということにもならないのである。このことから分かるのは、嘘の対概念から「嘘とは何か」を考えるのは、あまり有効ではなさそうだということである。

嘘とは厄介な概念である。そこで、カントとコンスタンの論争について、そしてカントの立場について確認する前に、まずは嘘というものとしっかり向き合っておく必要があるだろう。

2　意図について

繰り返すが、嘘とは客観的な真実に反した事柄を発話・伝達することではない。私たちはしばしば客観的な真実ではない事柄を真実だと思い込んで語ることがある。しかしそれは勘違いであっても嘘ではない。この点を考慮して、カントは嘘を「他者に対して意図的に、信念に反した陳述を行なうこと」と定義した（本書八七頁）。嘘をつくとは、自分が信じている事柄（本書ではこれを「信念」と呼ぶ）とは異なる何事かを言うことなのだ、と。

しかしながら、この定義は不十分である。もしもこの定義が正しいとすれば、映画俳優や小説家、反事実的なボケを連発するお笑い芸人は、みな嘘つきだということになってしまうからである。フィクション（虚構）や冗談を嘘から区別するためには、カントの定義では物足りず、もう少し条件付けが必要となる。

社会心理学では通例、相手を欺く意図の有無を問題にするようである[(2)]。一見するとこれは適切であるようにみえる。相手を欺く意図で信念とは異なる何事かを言う場合、それは嘘であり、そうした意図がない場合には、嘘ではなく「フィクション」や「冗談」などと呼ぶのが適当であるように思われるからである。

ところが、全ての嘘に相手を欺く意図が含まれているのかといえば、どうもそうではないらしい。いくつか例を挙げてみよう。

・職場で上司に理不尽に怒られている部下が、腹の底では納得していないのに「すみませんでした」と反省しているフリをして謝罪している。そこには相手を欺く意図ではなく、その場を切り抜けよう、会話を終わらせようという意図だけが働いている。結果的に部下は上司を欺くことになるが、しかしそれを意図したわけではない。

・ある子どもがサンタクロースなど存在せず、実は自分の父親であったことに気づいてしまい、「騙したな」と泣きながら両親に訴える場面を想像してみよう。両親は十二月に入ってから「いい子にしていないと、サンタクロースは来てくれないぞ」と子どもを叱りつけ、クリスマスの朝には「サンタさんからのプレゼントが置いてあるぞ！」などと言っていたのである。彼らは「嘘をついてごめんなさい、でも騙すつもりはなかったのよ」と答えるだろう。そしてこの言葉は本心のように思われる。

・また別の子どもがいて、なぜか家族がその子の好物をモンブラン・ケーキだと勘違いし、事あるごとにいつもモンブランを出すようになった。その子はモンブランが嫌いではなかったが、もう飽きてしまったため、チョコレートケーキが食べたいと考えていた。それでもその子は成り行き上、モンブランが好きなフリをし続けた。しかもその子は嘘をつきながらも、両親が自分の本心に気づいてほしいと願っていたのだ。つまり家族を欺こうなんて微塵も思わず、むしろ彼らが欺かれないことを望んでいたわけである。

最後の例は筆者の実体験である。最終的に自分から本心を言うことで、筆者はこのモンブラン地獄から抜け出すことができた。それはさておき、いずれのケースにおいても、登場人物たちは相手を欺こうという意図なしに、嘘をついている。結果として嘘が相手を欺くことになったとしても、常に欺く意図を伴っているとはかぎらないのである。

3　アンスコムの分析

ここで一度立ち止まって、意図という概念についてみておこう。二〇世紀イギリスの哲学者G・E・M・アンスコムは『意図（*Intention*）』という、そのものずばりのタイトルをもった古典的小論の中で、意図の「吸い込み（swallow up）」という現象に注目している[3]。

アンスコムは次のように問う。ある男が①腕を動かし、②井戸のポンプを操作している。そのとき、この男は何を意図しているのだろうか。答えは言わずもがなであり、「井戸のポンプを操作しようとしている」のである。次に、ポンプの操作によって③水槽に飲み水をくみ上げている、という条件を加えるとしよう。そうすると男は、先ほどのように「井戸のポンプを操作しようとしている」のではなく、「水槽に飲み水をくみ上げようとしている」のだと理解するのが自然だろう。最後に、男が④この水を飲むであろう居住者たちを毒殺しようとしている（！）としよう。この男は何を意図しているのか。恐るべき毒殺を意図している、と全ての人が答えるだろう。

このように手段—目的の連鎖によって記述できる一連の行為があった場合、これらの行為の意図は、最後の目的（上記の例では④の毒殺）に「吸い込まれる」。嘘に相手を欺く意図が伴わないことが多いのも、それは嘘をつくこと、あるいはそれを通じて相手を欺くことそれ自体が目的になることがほとんどないからである（すぐに思いつくのはテレビのドッキリ企画ぐらいのものであるが、これは特殊なケースである）。例えば子どもたちはゲームがしたいから「もう宿題は終わった」などと嘘をつくのであって、親を欺きたいからそうするわけではないだろう(4)。

一般に、嘘は手段である。私たちは通常、何かの別の目的のために、必要とあれば嘘をつく。自己の利益のためであれ、他者の利益のためであれ、あるいは人間関係の円滑化のためであれ、相手を欺くことそれ自体が最終的な目的となることは、日常生活の場面ではほとんどない。先ほどの例の中で不幸な部下が心にもない謝罪をしたのも、その場を切り抜けようという意図からであった。謝罪している部下が上司に「お前、おれを欺こうとして謝罪してるのか⁉」と怒鳴られた場合でも、彼はそれを否定するに違いない。そしてそれは本心なのだ。彼は上司を欺こうとしているのではない。彼の意図は、この場を切り抜けるという最終目的へと「吸い込まれ」ており、「さっさとこの下らない説教を終わらせよう」という意図以外には何も持っていないからである。

ここから分かることとは、相手を欺く意図の有無を嘘の定義に組み込む必要はない、ということである。それどころか、何か特定の意図を前提する必要すらないように思われる。はっきりとした意図や目的がなくても、人は嘘をつくことがあるからである。知らない人に道を尋ねられたが、面倒くさいので、知っているのに「知らないね」と嘘をつく人もいる。パニックになって思わずそう言ってしまうこともある。その場合には何の意図も存在せず、思わず口から出てしまっただけである。もう二度と会わないだろうなあと思いながらも「まだどこかで必ず会いましょう」と握手を交わす人々は、社交辞令として半ば機械的にそう述べているだけであって、やはり何か特別な意図を持っているわけではない。コミュニケーション上適切だと思われる言動を何気なく選択した際に、それが本心とは異なるものになってしまうケースは少なくないのである。

4　嘘を定義する

以上の事態を考慮したうえで筆者が提案したいのは、嘘を次のように定義することである。

すなわち、嘘とは、①「相手は私の言動を、私の信念（主観的真実）の表明だと受け止めるであろう」と私自身が（あるいは相手が）理解しているときに、②私が信念に反した事柄を表明することである、と。このような条件を満たす言動を相手が信じたならば、意図的にであれ結果的にであれ、相手を欺くことになるだろう。また、演劇・映画やテレビドラマ、漫才やコントのような虚構（フィクション）の場合には①を満たしていないため、俳優の台詞や芸人のボケは嘘には当たらない。

この定義は、私たちが嘘をついているか否かをめぐる世間の諍い事を、うまく説明できるように思う。例えばAとBという恋人同士が喧嘩をしていて、Aが（まだ相手を愛しているのに）「あんたなんか大嫌い」と言った。それを受けてBは、それならばと別れを切り出す。このときAが、「なんで本気にするの？　言葉通りに受け止めるバカがどこにいる!?」と怒ったとする。Bは「いや、真剣な話をしているんだから、つまらない嘘つくのはやめろ」と応戦するが、Aから「嘘なんてついていない」と反論されてしまう……。

このような事態にはなるべく巻き込まれたくないものである。それはともかく、Aの立場からすれば、自分の発言は②を満たしているものの、①を満たしていないと考えているのである。つまりAは、Bが自分の発言を文字通りに受け止めるであろうなどとはまったく思っていないのである（したがって、俄かには信じがたいが、「嘘なんてついていない」という反論は、口から出まかせなどではない）。これに対しBは状況を①のように理解していたため、Aの発言を本心として受け止めたのである。この場合すれ違いは、両者の状況理解の差に由来している。

社交辞令の場合にも、同様のことが起こりうる。社交辞令は儀礼的な言葉のやり取りなので、「欺くつもりはないけれど、本気で受け取られても困る」という側面を有している。もう二度と会わないだろうなあと思いながら「またどこかで会いましょう」と社交辞令を言った人は、その場が①の状況を満たしているとは考えていない。つまり、相手が本気にするシチュエーションだとは考えていないのだ。しかしそのような場面でも①を満たしていると考える人は、この発言を再会の約束のように捉え、実現しようという気がない相手を非難し始めるかもしれない。ここでもやはり、両者の状況理解の差によってすれ違いが生じている。

〈注〉

（1）このメッセージは以下に掲載された。https://www3.nhk.or.jp/news/special/saigai/basic-knowledge/20240105_02.html（二〇二四年一月九日取得。）

（2）阿部、二〇二一、二頁。ただしそこでは、欺く意図を伴っている場合を「嘘をつく」、必ずしも伴うわけではない場合を「嘘を言う」として区別しており、相手を欺く意図を嘘の必要十分条件に数えているわけではないことに注意されたい。本書ではこのような区別を採用しないが、以下で見るように欺く意図を伴う嘘が嘘現象の一部であるという点は、同書と同じスタンスを取る。

なお、同書では「ウソが真実ではない情報を含むことを大前提とした上で」（同）とあるが、この「真実」とは客観的な真実ではなく「主観的真実」であるというのがカントの（そして本書の）主張である。

（3）アンスコム、一九八四、八七頁以下。

（4）相手を欺く意図が強く出るのは、相手を欺くことが一連の行為全体の成否にとって重要な地位を占め、かつ欺くことが困難に思われる場合である。そのような場合、相手を欺くための行為連鎖が独立したかたちで（いわばサブユニットとして）記述される。詐欺師の目的は金銭の略奪にあるが、まずは対象を欺き、金銭を振り込ませることが重要になる。そこで、相手を騙すためにアレコレと手口を考えるのである。

第2章　正直であれば何を言ってもよいのか

1　デマについて

私たちは通常、嘘をつくことは悪であり、正直に発言することは善であると考えている。しかし果たして、本当にそう言い切れるものなのだろうか。この問題を考える上で、まずは正直さに焦点を絞って論じていきたい。

人工地震説を心から信じている人がその旨をＳＮＳで拡散するとき、当人は嘘をついておらず、正直に語っているとしよう。しかし正直だからといって、その言動が非難に当たらないかといえば、そうではない。当人はデマを拡散しているからである。

こう言うと、「人工地震説はデマではない」と反論する人がいるかもしれない。実際、それをデマだと即断してしまうのは、乱暴であるように思われる〔デマ〔デマゴギー〕についてはさまざまな定義がありうるが、さしあたりここでは「特定の誰かに対して、あるいは社会全体に対して害悪を及ぼすような非真実の流布」であるとしておこう)。「人工地震説はデマではない」と主張する人は、それが客観的な意味で真実であると考えている。そしてむしろ人工地震説を否定する側の方が、「非真実の流布」に加担しているのだ、と言うかもしれない。

ここで問題となるのは、発言者の信念を客観的な真実とみなせるかどうかである。とりわけ人工地震説のような常識を大きく外れた仮説の場合、発言内容に真実相当性があるか否かがポイントとなる。真実相当性とは名誉毀損の免責要件の一つであり、法律用語であるが、ここではより一般的な意味で捉えたい。すなわち、真実相当性とは、事柄が真実であると信じるに足る根拠が存在していることを意味している。ただし、真実相当性が認められるためには、ある情報を単純に証拠として提示するだけでなく、関連資料の入手や批判、実地調査、反例・反論の真摯な検討といった作業を通じて、証拠を証拠とみなせると判断するための努力を行なった点が確認できなければならない。

いわゆる「ネットde真実」(インターネット上の情報、とりわけ陰謀論を無批判に信じ込む人々を揶揄する言葉)は、こうした努力を怠っているため、真実相当性の要件を満たすものとは考えづらい。よく知られているように、インターネット上ではエコーチェンバーとフィルターバブルという現象が存在する。エコーチェンバー現象とは「ソーシャルメディアを利用する際、自分と似た興味関心をもつユーザーをフォローする結果、意見をSNSで発信すると自分と似た意見が返ってくる」という現象である。フィルターバブルとは、「アルゴリズムがネット利用者個人の検索履歴やクリック履歴を分析し学習することで、個々のユーザーにとっては望むと望まざるとにかかわらず見たい情報が優先的に表示され、利用者の観点に合わない情報からは隔離され、自身の考え方や価値観の「バブル（泡）」の中に孤立する」という状況を指している。[1] このような状況は不可避であるため、SNSでいくら調べものをしてみても、反例・反論の真摯な検討をしたことにはならないだろう。陰謀論を真剣に唱えている当人にしてみれば、「みんなが自分の意見に賛同している」とか「こんなに証拠があるのに」と言えるほど、自説を信じる根拠が多数あるわけだが、そうした「みんな」や「証拠」それ自体が、検索サイトやSNSのアルゴリズムによる非常に偏った情報にすぎない。

人工地震説は荒唐無稽であるが、学術的な調査を踏まえた上で、理路の通った主張として提示されているであれば、たとえ最終的に間違いだったとしても真実相当性が認められるだろう。その場合には、その主張はデマではなく学術的な仮説であり、いかに社会的に害悪であったとしても、一つの学説として主張することは許される。これに対し、真偽不明の資料や都合の良いデータだけを参照し、他の可能性や反論に真摯に向き合わないような主張の場合、やはり真実相当性は認められない。

そもそも、広範囲に渡って大地震を発生させることが技術的に可能であるとしても、それが使用されたか否かは専門知識や軍事データなどを駆使してようやく判別できるものである。素人が（しかも地震発生直後に）断定できるようなものではない。人工地震説が真実ではない証拠はたしかにないが、真実である証拠もない。敢えて信じる根拠はまったくない。そうであれば、社会的には客観的な真実として認めがたいという結論となる。したがって震災直後に人工地震説を主張することは、真実相当性を欠いた妄言にすぎないわけである。

しかもそれは、現場を混乱させ、無用な不安を煽るだけでなく、さしたる証拠もなく特定集団を敵認定し、社会的ヘイトの矛先を向けようとする点でも、害悪である。社会の分断や敵対化を助長する点でも、SNSなどで拡散される陰謀論の多くは、悪質なデマなのである。

2　正直さがもたらす害悪

たとえ当人が正直に発言しているとしても、デマの拡散は害悪である。それでは、嘘をついてデマを広めている場合はどうであろうか。その場合には、より一層悪質になるように思われる。害悪に害悪が加わるのである。

私たちは自他の言動を評価する際、少なくとも二つの側面を区別している。すなわち（A）その言動が社会的に適切かどうか、（B）その言動が嘘でないか。

コンプライアンス（法令遵守）が求められるような場面では、（B）が（A）に含まれている。行政や企業の手続きや報告書、学術論文といったものに関しては、嘘をつかないことが社会的に適切なのである。どれほどよい論文であったとしても、データを偽装したり、虚偽説明が混じっていたりした場合には、その論文を評価することはできない。これに対し差別的・侮蔑的な言動の場合には、嘘であろうがなかろうが、そもそも社会的に不適切なのである。

とはいえ、（B）であるが（A）を満たしている、つまり嘘であるが社会的に適切な言動であると考えられる事例もあるだろう。小さな子どもに対する「サンタクロースはいる」といった説明がそうである。このような事例では、最終的にどう評価するのがよいのだろうか。おそらくはほとんどの人が、（A）の社会的適切さを優先して、嘘を是認するのではないだろうか。子どもの夢を守る方が、真実を伝えてがっかりさせるよりも好ましいことだと考えるのは、それほど不自然ではないからである。周到に事前準備をし、バレないようにサンタクロースの格好をして子どもたちにプレゼントを配る父親は、親の鑑だと称賛されるにちがいない。彼を嘘つきだと非難する人は、稀であろう。

一般常識にしたがえば、嘘は避けるべきであり、正直に発言するのはよいことである。しかし今述べた評価の二面性を踏まえると、必ずしもそうとは言えない。中島義道は『ウソつきの構造』の中で、次のような指摘をしている。

とくに政治家や公務員、企業の経営者など広い意味で公的地位にいる人は、公的な場ではウソを語らざるをえない。人種や女性や障害者やLGBT（性的マイノリティ）に対する何らかの差別意識をもっているとして（これはある意味で人間として「自然」である、といって容認すべきことにはならないが）、公的な席でそれを語った瞬間、いや、ほのめかした瞬間に厳しい制裁が待ち受けている。[2]

このように「広い意味で公的地位にいる人」の信念がモラルに反する場合、それを「公的な場で」表明するのは社会的に不適切である。というのも、そうした立場の人間による差別的見解の表明は、マイノリティの差別や排除を助長するような立法・政策実行を示唆するものであるからである。言い換えれば、発言それ自体が、マイノリティの社会的地位や生活を脅かすものになりかねないのである。

例えば故・石原慎太郎氏は都知事として二〇〇〇年に陸上自衛隊の式典に出席し、「三国人、外国人が凶悪な犯罪を繰り返しており、大きな災害では騒擾事件すら想定される」と述べた。[3]「三国人」という概念には朝鮮人・台湾人に対する侮蔑的な意味が込められている以上、この発言を差別的でないとするのは無理がある。ましてや、関東大震災時の朝鮮人虐殺事件を思えば、石原氏の発言はヘイトクライム（差別的偏見・憎悪に基づく犯罪行為）を誘発しかねない危険な発言であった。公人でなければよいということでもないが、公人が差別的な意見を表明することは、たとえ正直であったとしても、差し控えるべきであろう。

3　正直さと誠実さ

さて、差別的・侮蔑的な言動のように、自らの信念を正直に表明することが不適切であるとき、そこには次のようなジレンマが存在する。すなわち、嘘をついてはならないが、正直に言うこともできないというジレンマである。このようなとき、私たちはどうすればよいのだろうか。

一般に嘘と正直さは対概念であると理解されているが、行為の可能性としては二者択一ではない。「嘘をつかない」ことはすなわち、「正直に言う」ことではないからである。沈黙やはぐらかしもまた、「嘘をつかない」に該当する。例えば「サンタクロースはいるの？」という子どもの質問に対して、「そんなことより宿題やったの？」とか、「グリーンランドにいるよ」という答えは、はぐらかしているだけで嘘をついてはいない。前者は質問に答えずに話題を変えるというやり方であり、後者は指示対象をずらすというやり方である。つまり、子どもは「トナカイのそりに乗って空を飛び回るサンタクロース」というファンタジーの住人について問い尋ねているのに対し、親は「グリーンランド国際サンタクロース協会の認定資格所有者」について言及することで、回答をはぐらかしているのである。

はぐらかしは嘘とは異なるが、一般に好まれるものではない。それがとくに問題になるのは、公的な説明の場においてである。

二〇一一年に起きた福島原発事故に際して、枝野幸男官房長官（当時）は、放射性物質の空気中への大量放出を懸念する新聞記者やテレビリポーターたちを前に、「ただちに健康への影響はない」と繰り返した。たしかに、私たちが基準値以上の放射線を浴びた場合でも、一九九九年の東海村ＪＣＯ臨界事件のように至近距離で中性子線を浴びるようなことがなければ、ただちには健康に影響しないかもしれない。しかしながら中長期的な健康被害の懸念は残る。こうした被害についての質問に対し、「ただちに健康への影響はない」という答弁ははぐらかしであり、実質的な回答拒否に他ならない。

「ただちに健康への影響はない」という言葉が嘘ではなかったとしても、そこには不信感を抱かせるのに十分な何かがある。結論を言ってしまえば、それは誠実さの欠如である。枝野氏の答弁が人を失望させるものであったとすれば、それは答弁が不誠実だったからである。

誠実さと正直さは似ているが、概念的に区別される。誠実さとは、相手に対して真摯な対応をすることであって、必ずしも正直であることを含意しないからである。それゆえ正直であるにもかかわらず、不誠実である事例も存在する。犯罪加害者が被害者や遺族に対する謝罪を拒むとき、それは「謝罪をしたくない」という本人の気持ちに（あるいは「謝罪すべきでない」という本人の信念に）正直な行動であるかもしれない。にもかかわらず、それを誠実だと認める人はいないであろう。誠実な対応とは、この場合、自らの行ないに真摯に向き合い、謝罪から逃げ出したい自分を抑え、謝罪すべきでないという考え方を改めるよう努力することだからである。

このように正直さが信念の表明に関わるものであるのに対し、誠実さとは事柄と向き合う態度に関わるものである。枝野氏の答弁についても、回答それ自体は不誠実だったかもしれないが、氏が不眠不休でテレビに出続け、震災と原発事故の状況を説明し続けたことに対し、誠実さを感じた人は少なくなかっただろう。それが「#枝野寝ろ」という、当時ＳＮＳで流行したハッシュタグに表れていたように思われる。

正直さと誠実さが同じではないように、嘘と不誠実さも区別される。前章で例に挙げた、約束をした時点では本当にお金を返すつもりで借金をしたものの、結果的に返済が滞ってしまった人を思い出そう。当人は、嘘つきだとは言えないまでも、不誠実ではある。結婚詐欺師は嘘つきであり、かつ不誠実であるが、モンブラン・ケーキが好きなフリをする子どもは不誠実ではない。このように嘘と不誠実さは、互いに独立に評価されるものである。このことは、たとえ嘘をつくことが悪であったとしても、それは嘘が不誠実だからではないということを意味している。

4　正直さの義務はあるのか

本章では以下のことについて確認した。(1)言動の社会的な適切さと、その言動が嘘か正直かは別の問題であること。とりわけデマや差別的・侮蔑的な言動は、たとえ本音であったとしても許されないこと。(2)「嘘をつく」ことと「正直に発言すること」の二者択一は誤りであり、「嘘をつかない」という選択肢には沈黙やはぐらかしも含まれること。(3)正直さと誠実さ、嘘つきと不誠実もまた、それぞれイコールではなく、互いに独立した評価であること。

(2)のように「嘘をつかないこと」の中に沈黙やはぐらかしが含まれる以上、たとえ「嘘をついてはならない」としても、「正直に発言しなければならない」ことにはならない。そして(1)からも明らかなように、普遍的な（＝いつでも・どこでも・誰にでも成立するような）正直さの義務というものはないのである。正直さの義務というものがあったとしても、あくまでも「もしも発言するのであれば、自分の信念を表明しなければならない」ことを意味するにすぎない。そして発言するかどうかは、基本的に当人の自由に任されているのである。

実際、発言すべきか否かは、時と場合によるだろう。刑事裁判の被告人には、黙秘権が認められている。この権利は、被告人が自分にとって不利益な発言をしなくてもよい自由を保障している。政治家や大企業の幹部、芸能人など「広い意味で公的地位にいる人」ですら、彼らがプライベートのことについて、正直に語る必要はない。

もちろん、二〇二三年に大きな社会問題となった故ジャニー喜多川氏の性暴力加害や、お笑い芸人ダウンタウンの松本人志氏の性暴力加害疑惑のような場合には、業界内権力を悪用した組織的かつ習慣的な蛮行のおそれがあるため、「プライベートなこと」として片づけることはできない。

故ジャニー喜多川氏の性暴力加害とは、芸能プロダクション、株式会社ジャニーズ事務所の社長だったジャニー喜多川氏（二〇一九年没）が、ジャニーズjr.と呼ばれる未成年のタレント候補生たちに対して性的接触の強要を長年にわたり繰り返してきた事件である。これは一九六五年ころから一部週刊誌などで断続的に報じられ、裁判も起こされていたが、ジャニー喜多川氏の芸能プロデューサーとしての名声と、マスメディアに対するジャニーズ事務所の影響力の大きさから陰に追いやられ、たんなる芸能ゴシップとして扱われてきた。しかしながら二〇二三年に英国の放送局ＢＢＣが本件に取材した長編ドキュメンタリー番組を放映すると、この事件は国際的な反響を呼び、ようやく日本のメディアでも取り上げられるようになった。この事件の背景としては、デビュー前のタレント志望の少年たちにとって、数多くの男性タレントを育成しデビューさせてきた実績のあるジャニー喜多川氏の誘いは断れるものではなかったこと、また周囲の人も喜多川氏の機嫌を損ねることを警戒して、この問題に触れぬよう、また触れさせぬようにしてきたことなどが指摘されている。

ダウンタウンの松本人志氏の性暴力加害疑惑も類似の構造を持つ。二〇二三年一二月、『週刊文春』が松本氏の出席する酒宴に参加した女性が松本氏から性的行為を強要されたと報じた。この件は松本氏側が事実無根として裁判に訴えているため、本書執筆の時点で真相はまだわからないものの、『週刊文春』誌は同様の被害にあったとする別の女性の告発も掲載するなどして争う構えを見せている。渦中の松本氏は一九八〇年代に浜田雅功氏と漫才コンビ「ダウンタウン」を結成し芸能活動を開始し、人気芸人の地位をつかんでからは、一九九五年には著書がベストセラー入り、二〇〇七年には映画監督もこなすなど活動の場を広げていた。二〇二三年の時点ではテレビのレギュラー番組七本を持ち、大阪・関西万博のアンバサダーも務めており、まさにお笑い界の王といった地位を誇っていた。『週刊文春』の記事で注目されるのは、松本氏の酒宴のために後輩芸人たちが女性の参加者を集めていたという点である。松本氏は、〇一年から若手漫才師に与えられる賞M‐1グランプリの審査員、〇八年からコントのコンテスト番組「キングオブコント」の審査員を務めるなど、後進の芸人・タレントたちに大きな影響力があったと考えられる。『週刊文春』の報じた通りであれば、この件も業界内権力の悪用だといえるだろう。

このような不祥事や疑惑が持ち上がってきた際には、説明責任を果たし、正直に語ることが社会正義に適っている。しかしその場合でもなお、個人情報については発言しない自由が残されているし、また発言すべきではない。これは、国民の知る権利に応じた行政機関の情報開示において、無関係な情報や個人情報を非公開にすることが許されているのと同様である。

〈注〉

（1）エコーチェンバーとフィルターバブルについては、総務省の注意喚起記事「インターネット上での情報流通の特徴と言われているもの」（https://www.soumu.go.jp/johotsusintokei/whitepaper/ja/r01/html/nd114210.html〔二〇二四年一月二九日最終取得〕）から引用した。手に取りやすい文献としては（バートレット、二〇二〇）を参照のこと。

（2）中島、二〇一九、五二頁。

（3）この発言に対する批判については（内海・徐・高橋〔編〕、二〇〇〇）を参照のこと。なお、外国人労働者・住人が増えると治安が悪くなると考える人は未だに多い。これは意識調査によって明らかにされている。しかしながら、外国人の犯罪件数は日本人並であり、外国人の流入増加と治安悪化についての因果関係は存在しない。（大重、二〇一七）を参照のこと（ただし、同論文のデータは石原氏の発言よりも少し後のものであることにも留意すべきである）。

第3章　嘘の害悪について

1　嘘と正直さの非対称性

前章の考察から、「正直に発言しなければならない」という義務は、限定的なものであることが明らかになった。「正直に発言しなければならない」という義務は、当人が発言をする場合にかぎって妥当するものであり、「たとえ発言をしたくないとしても、正直に発言しなければならない」というほど強いものではない。取り調べや裁判で黙秘を貫く殺人犯は不誠実かもしれないが、不正直ではない。「正直に言え！」という言葉にどこか脅迫めいた響きがつきまとうのも、このためである。

実際、前章では、正直に言うべきではない場合についての考察も行なった。それは発言内容が不適切で、ひょっとしたら差別的・侮蔑的であるような場合である。このようなときには、発言を差し控えるのが賢明である。本音の言いづらい社会はたしかに息苦しいが、本音であれば何でも許されるという社会よりはましであろう。それは差別と排除とデマが蔓延する社会であろうからである。

さて、正直さをめぐるこのような事情は、嘘についても妥当するだろうか。答えはノーである。というのも、「嘘をついてはならない」という義務は、より広範囲に妥当するものと考えられているからである。

実際、「正直に発言しなくてもよい・発言するべきでない」ようなときでさえ、「嘘をついてはならない」という義務は存続する。「正直に発言しなくてもよい」権利として黙秘権が保障される場合でも、嘘をつく権利までもが認められるわけではないからである。嘘つきと正直さは、コインの裏表の関係ではないのである。正直に言うことは、嘘をつかないという選択肢の一つにすぎない。

嘘と正直さがコインの裏表の関係になるのは、あくまでも発言をする場合である。このことは、本書第Ⅱ部以下で扱うカントとコンスタンの論争を理解する上で重要である。というのも、そこで問題になっているのは発言を避けられない場合、友人の殺害を目論む人物に対してさえ、正直に言わなければならないのかどうかであったからである。結論だけを述べれば、コンスタンはその必要は全くないとした。カントは、そのような場合でさえ、嘘の禁止は妥当するため、正直に答えなければならないとした。

カントのような哲学者に限らず、嘘の禁止は一般に普遍的な義務（いつでも・どこでも・誰にでも当てはまる義務）であり、「たとえどのような場合でも、嘘をついてはならない」と考えられている。これは嘘の禁止が、もっとも狭い意味での道徳的義務であることを意味している。しかし時と場合によっては、このような義務から解放されると考える人も多いだろう。例えば上司のパワハラを逃れるために心にもない謝罪をすることや、小さな子どもに「サンタクロースはいる」と伝えるのは、許されるように思われるからである。

嘘の禁止に例外はあるのかという問題を考察するために、「嘘は許される」という言葉の意味について考えてみよう。「ある状況における嘘は許される」と言われるとき、①「嘘は普遍的に成立する道徳的な悪ではない」と主張される場合と、②「嘘は道徳的悪であるが、容認できる（許せる）ケースもある」とされる場合がある。

①のように、「場合によっては嘘をつくことは悪ではない」と主張することはできるだろうか。これについては様々な立場がありうる。カントを代表とする義務論者は、「たとえどのような結果になろうとも、道徳的義務を果たせ」と主張する。それゆえ「嘘をついてもよい事例はない」と言うだろう。これに対し、「最大多数の最大幸福」を善とみなす功利主義者は、嘘をついてもよい状況、いや嘘をつかない方が悪であるようなケースさえある、と言うかもしれない。このような対立は「嘘論文」におけるカントとコンスタンの論争の主題にも関わってく

る。コンスタンは功利主義者ではないが、嘘の禁止が該当しないケースがあると考え、①の立場からカントを批判したからである。

「嘘の禁止はあらゆる状況に当てはまるものではない」「嘘の禁止には（嘘がまったく悪いものではなくなるような）例外がある」と考える人は、厳密に言えば①を主張する人である。②であれば、「たとえどのような場合でも、嘘をついてはならない」というのは依然として正しいと考えられているからである。例えば私が酔っ払った友人を殴ったとしよう。そして素面に戻り、友人に謝罪したとする。友人が謝罪を受け入れ、私を許してくれたとしても、それは「酒の席での暴力は悪ではない」と考えているからではないだろう。友人は私の悪しき行為に対し、謝罪以上の罰や補償を求めなかっただけであって、依然として「お前（私）は殴るべきではなかった」と考えているにちがいない。同じように、相手が私の嘘を咎めないからといって、相手が「この場合の嘘は悪ではない」と考えているとは限らない。「本当はダメなんだけど」と、留保つきで容認してくれただけかもしれないからである。

現代社会の公的見解としても、嘘が道徳的悪とみなされていることは、紛れもない事実である。それゆえ公教育において、子どもたちに嘘を奨励するような授業が行なわれることなどあってはならない。もしもそのような授業があったならば、それはまさに「悪の教育」とみなされるにちがいない。

2　嘘の容認

そこで、さしあたりここでは、①の検討は省き、「嘘は道徳的悪であり、普遍的に妥当する」ことを前提に話を進めたい。その上で、②で示した「嘘は悪であるが、容認できる」という場合について、もう少し考察を深めていこう。嘘の容認には「私はいま、嘘をついてもよいか」と、「誰かの嘘を許すべきか」の二つの側面がある。ここで問題にしたいのは前者であるが、考えるべきは後者である。というのも、ここで考察したいのは、「私が嘘をついた場合、その嘘は他者から許されるのか」を考慮して「私はいま、嘘をついてもよいか」を決めるような場合だからである。

次のことを思い出そう。私たちは自他の言動を評価する際、（A）その言動が社会的に適切かどうか、（B）その言動が嘘でないか、という二つの側面を区別している。そしてこの（A）と（B）のどちらが優先されるかは、状況判断に応じて変化しうる。

このような考慮対象リストには（C）誰の利益になるか、（D）誰の不利益になるか、などといった観点をさらに加えることができるだろう。私たちは、複数の観点の組み合わせによって物事を評価しているからである。それぞれの観点の重み付けは、評価者や評価者が属する社会や文化、当人の立場、事柄が生じている状況などによって変化する。したがってどのようなときに、なぜ嘘が許されるのかという点については、おそらくは意見の一致をみることはないだろう。

さて、ある個人が自分に向けられた嘘を容認するかどうかは、当人が決めるべき問題である。「サンタクロースはいる」と嘘をつき続けてきた両親を許さない子どもだって、いるかもしれない。上司からの理不尽な叱責に対し、必死に頭を下げた部下が、嘘の謝罪をした自分を許せないと感じることもあるかもしれない。反対に、恋人のひどい嘘（例えば不倫の隠蔽）を容認し続けている人だって、きっとどこかにいるはずである。

私たちは、個人のそうした態度に共感したり、批判的になったりするものである。私たちは社会的に適切な許容範囲というものを、何となくであれ理解しているからである。大人になってもサンタクロースの件で両親を許していない子どもがいた場合、私たちは当人を頑固で偏屈で心の狭い人とみなすかもしれない。パワハラを逃れるために上司に嘘をついた人物に対し、「自分を責めることはないよ」と慰めるのではなく、悪人だと罵るような人は、サイコパスを疑われるだろう。恋人に騙されているフリを続ける人は、健気であるが哀れである。

それでも嘘を許すかどうかは、最終的には本人の自由である。個人的な嘘の容認・拒絶は本人の自由と責任によって行なわれるものであり、外野がとやかく言うべきものではない。これは権利上の問題というよりも、内心の自由の問題である。内心の自由は、誰にも奪えない。民事裁判で原告が和解を選択した場合、たしかに社会的には相手を許したことにはなるが、それでも本人の心の中では、相手を許さないことだってありうるだろう。

とはいえ嘘を容認するかどうかは、制度的・手続き的な問題でもある。虚偽の説明や報告に対しては、組織内の規則によって厳しい罰則が規定されている場合がほとんどだろう。また、たとえいくら当人（当該組織）が許しても、嘘が刑事罰の対象となるケースもある。結婚詐欺はその典型例だろう。相手が洗脳されており、詐欺を認めない場合でも、刑事罰を課すことは可能だからである。政府答弁や企業広告、研究データや報告書、決算などにおける嘘も、国民が忘れてしまえばおとがめなしというわけにはいかない。

このような状況に対し、「ペナルティを支払えば嘘は許される」と考えるのも間違いである。嘘が許されていないからこそ、ペナルティが設定されているからである。もちろん、ペナルティが甘い場合には、実質的に嘘を許しているのではないか、と疑われることもある。政治家の嘘が発覚した際に、発言を撤回しただけで事が終わってしまう場合などがそうである。このような場合には、たとえ制度的・手続き的に許されたとしても、世間の声が容認しないだろう。組織的な処罰に対しても、やはり社会的適切さというものが存在するからである。

これは悪一般について言えることであるが、容認・拒絶には個人的なもの、ルールに基づくもの、世間の声によるものという三つのレベルが存在する。それぞれのレベルにおいても様々な見解があるため、ある事柄を誰が・どこまで・どうやって容認できるかという問題に対して、明快な回答を得ることは難しい。常識的な回答というものはあるかもしれない。本書がこれまで「社会的適切さ」と呼んできたものがそうである。しかし、それはあくまで一般論にすぎないため、個別事例でどうするのが正解かは分からない。あまり好きな言葉ではないが、ケース・バイ・ケースということになりそうである。

とくに厄介なのは、嘘をついたのが誰かによっても、容認できるかどうかが変わってしまいかねないことである。筆者にも、いわゆる「人たらし」の友人がいる。彼らが「少し遅れます」と言うときには、大体一時間程度遅れてくるのだが、みんなそれを分かっていながらも腹を立てず、むしろ笑ってすませてしまう。芸能人でも、不祥事がスルーされる場合と激しくバッシングされる場合がある。個人的・世間的な嘘の容認・拒絶には感情が大きく関わってくるため、何が適切かの判断は人それぞれになりがちである。

はっきりと言えるのは、私たちは嘘の質を考慮しているということである。「良質な嘘」というものはあまり考えられないが、私たちは「些細な嘘」と「悪質な嘘」とを区別している。「嘘をついたら閻魔様に舌を抜かれるぞ」とか、「嘘つきのところにはサンタクロースは来ないぞ」といった躾のための嘘は、「些細な嘘」であるかもしれない。これに対し、誰かに損害を与えたり、社会を混乱させたり、社会常識を大きく逸脱しているような嘘は、「悪質な嘘」である。つまり私たちは、たとえ「嘘は道徳的に悪である」と考えていたとしても、「嘘は絶対的な悪であり、すべての嘘は同じぐらい悪い」とまでは考えていないのである。

3　私たちの規範意識を問い直す

それでは、個人やルール、世間が許すのであれば、嘘が免罪されてもよいのだろうか。それどころか、嘘をつくことが社会的に適切である場合には、嘘をついてもかまわないということになるのだろうか。社会的適切さとは、それほど立派なものなのだろうか。

前章で筆者は、「差別的な意見を正直に表明することは、正直であるにもかかわらず、差し控え方が賢明である」ことを確認した。差別が悪である以上、このような態度は道徳的にも正当である。しかしながら、これを一般化して、「社会的に適切でないとすれば、正直な発言を差し控えることが賢明である」とは言えないだろう。社会的な適切さそのものが問題含みのケースも多々あるからである。いくつか例を挙げてみよう。

・二〇二二年二月にロシアがウクライナに侵攻した際、公的な場で戦争反対を訴えるロシア市民が逮捕される様子が、様々なメディアで報道された。ロシアの国内法上、彼らの言動は犯罪だとされたのである。このような処置は適法であったとしても、適切だとは言えない。非難されるべきは、戦争反対の訴えを封殺する政府の方であろう。

・学問やジャーナリズムはしばしば、政府や組織の権力者を脅かすような事実を発見することがある。ところが、この事実が明るみに出ることで、社会秩序が乱れることを懸念し、その公表を躊躇する人々が一定数存在する。しかしながらこの事実が綿密な実験・調査に基づいている場合、たとえ権力者を失脚させ、社会を混乱させることになったとしても、公表することが社会正義に適っている。

・芸能人や政治家、アスリートのスキャンダルでしばしば見られるように、セクハラやパワハラの告発によって当人が失脚した場合、「余計なことをしてくれた」「黙って従え」「そんなちっぽけな告発で○○さんがいなくなるのは許せない」などと、告発者を非難する人がいる。しかしながら悪いのはセクハラやパワハラをした当人であって、告発者ではない。ハラスメントの事実があるならば、それを告発することは正当である。とりわけ公人・準公人（芸能人や大企業の幹部はここに入る可能性が高い）のハラスメントを告発することには、公益性が認められる。「相手が有名人や権力者であれば、被害者は精神的・肉体的被害を甘受し、泣き寝入りすべきだ」という考え方は、人権の観点からも受け入れられない。

正直さの義務が限定的であったとしても、社会正義のために勇気をもって正直な告発を行なうことは、公的機関やジャーナリズム、学問の責務である。それを社会的に不適切であるからという理由で咎めることは、健全とは言えないだろう。とりわけ、ロシアの事例がそうであるように、社会的に適切とされる言動が現行の権力関係・権力秩序を支持するものだけに限定される場合には、社会的適切さは道徳的な価値判断の指針とはならない。また、最後の例では加害者が人気者であるから、功労者であるからといった感情的な理由で免罪・減刑がふさわしいと考える人が現れるが、加害者の人気や功績、好感度などによって告発者をバッシングするのは、人治主義への危険な道を開いてしまうにちがいない。

嘘の許容に関しても、事情は同様である。ある会社で働き出したら、採用時に提示された労働条件が守られず、ひどい扱いを受けたとしよう。先輩や上司から「世の中そんなものだよ」とか「みんなも同じ条件で働いているんだから、つべこべ言わず働きなさい」などと言われて納得できるだろうか。むしろ、会社（雇用者）のみならず社員（被雇用者）も嘘を受け入れている状況に対し、憤りを覚えるのではないだろうか。当該組織で嘘が常態化し、当たり前だと容認されているとしても、それが正しいとは言えないのである。むしろ、そうした組織運営そのものが間違っていると言うべきである。

思うに、嘘を容認するような公的組織やコミュニティは、単に不適切であるという以上の問題を抱えている。というのも嘘の許容は、当該組織やコミュニティを、その成員とともに腐敗させてしまうからである。組織として嘘を許容してしまうと、嘘を罰するような内部規律は機能しなくなる。よく知られているように、一度嘘をつくと、それを誤魔化すために嘘が増殖していくという悪循環に陥るが、それを止めることもできなくなる。ガバナンス機能は失われ、嘘に耐えられないような誠実な人間から真っ先に離れていき、嘘つきばかりが残っていく。その結果、内部では相互不信が募り、外部からは信用が失われ、ついには崩壊に至ることもあるだろう。

二〇二三年に発覚したビッグモーター事件は、まさにその典型であった。これは、大手中古車修理・販売業者であったビッグモーター社が、顧客や保険会社に対する不当請求を、常習的に行なっていた事件である。とくに、顧客の車を故意に傷つけ、あたかも事故の傷や故障のように偽装し、多額の修理費・保険金を請求するという手口の悪質さが、世間の大きな話題となった。社内ではパワハラが横行し、優秀な社員や腕の良い職人たちが段々と離れていったことも伝えられている。

ビッグモーター社は嘘によって莫大な利益を上げ、高給を支払うことで社員組織を維持していた。業界最大手となり、日本全国に店舗を拡大していった。しかしながら、これは業界全体を腐敗させうる危険な展開であった。というのも、他社も同様の不正に手を染めなければ、競争に負けて存続できない事態になりかねなかったからである。嘘は一企業のみならず、業界全体を腐らせてしまう危険性すらもっているのである。

このような話をすると、「嘘をつかなければ成り立たない事業や組織もある」という反論をする人もいるかもしれない。嘘が組織を瓦解させるのではなく、むしろ維持しているのだ、と。誠に遺憾ながら、公教育はすでにそうなっているように思われる。日本の学校現場のほとんどで、長時間のサービス残業が公然と行なわれているからだ（典型例は部活動の顧問や職員会議、採点業務、保護者対応など）。長時間のサービス残業というとマイルドに聞こえるが、実態は国が設定している過労死ラインを超えるような無給労働のことである。とりわけ部活動の顧問は、事実上の強制であるにも関わらず自主的な課外活動参加というタテマエで放課後・休日に業務を強いられるため、公的な嘘の最大の犠牲者とも言えよう。こうした残業なしには学校の業務が回らないのであれば、学校という組織は、たしかに嘘によって維持されているように見える。

しかしながら、学校組織は現在、教員の精神疾患・離職率の増加、志望者数の低下、さらには教員の学力不足に悩まされている。まともな待遇が得られず、研究時間も確保できず、病気や過労死の危険性と隣り合わせである以上、引き受け手が減るのは当然のことである。かくして組織は衰退し、今まで通りの学校教育を維持するのが困難になっていくことが懸念されている。ましてや、将来に向けたよりよい教育を望むことは難しくなっている。教員組織の在り方や、教員の働き方を改革できなければ、いずれ学校は人手不足で崩壊しかねないのである。[1]

「嘘をつかなければ成り立たない組織」があったとしても、そうした組織は崩壊寸前であるか、そうでなくともまともな状態とは言い難い。業務内容や待遇が同じであれば、誰だって「嘘をつかなければ成り立たない組織」ではなく、「嘘をつかなくても成り立つ組織」を選ぶはずである。

このように、ある組織やコミュニティ（狭い意味での社会）において、嘘が適切であり、許容されるべきだとされる場合でも、そうした態度そのものが間違いであるようなケースは多い。少なくとも公的な場においては、嘘は絶対に容認されるべきではない。

ただし、依然として判断に困るのは、「サンタクロースはいる」といったような、幼い子どもに対する嘘の事例である。幼稚園・保育園といった公的な場でさえ、先生が園児に「お利口にしないと、サンタさん来てくれないよ」と言うことは、許されるように思われるからである（もちろん宗教的な配慮といったものが必要ない場合に限ってではあるが）。

筆者は、幼稚園や保育園でも嘘を教えるべきではないと考えている。しかしもしも幼稚園・保育園で嘘が許されているとすれば、それは園児が幼く、物事をよく理解できず、敢えて残酷な真実に耐える必要のない年齢だからではないだろうか（あるいは大人がそうみなしているからではないか）。幼い子どもがファンタジーの世界に生きていたとしても、わざわざ真実を伝え、現実世界に引き戻す必要はないのかもしれない。しかしある程度の発達段階を過ぎれば、そうもいかないだろう。もしも誰かが中学生に「サンタクロースはいる」と嘘をつき、それを信じ込ませようとしているならば、私たちはそうした人間を、相手の純朴さにつけ入り、嘲笑・支配・洗脳の対象にしようとしている悪人であると考えるだろう。もしも自分がそのように洗脳されそうになっていたら（あるいはそれに後から気がついたら）、自分がバカにされていたことに、腹を立てるにちがいない。対等の存在として誰かと対峙しようとするならば、嘘は相手を貶め、人間としての尊厳を毀損してしまうことを、私たちは知っている。

4　バレない嘘は最悪である

さて、嘘とは、①「相手は私の言動を、私の信念の表現だと受け止めるであろう」と私自身が（あるいは相手が）理解しているときに、②私が信念に反した事柄を表明することであった。したがって嘘がバレるというのは、①の状況下で相手が②であることに気づくということである。しかしながら②であるという確証が得られなかった場合、私たちは相手の言動を信念の表明として（つまり本音として）受け止めるのだろうか。

極端に信じやすい人もいるが、ふつうはそうではないだろう。私たちは、嘘であるという確証が得られない場合でも、嘘かもしれないと疑いながら生活しているものだからである。講義やゼミで発表担当の学生から「本日は体調不良のため欠席します」とメール連絡が入ったとき、それを心の底から信じている教員は少ないように思う。少なくとも筆者はそうだ。もちろん、嘘だと決めつけるわけにもいかないので、文字通り受け取るしかないのだが。「発表資料ができなかっただけだろう」と疑いながらも、「無断欠席よりましか」などと心の中でつぶやき、代替措置の有無や発表日時の変更などを伝え、「お大事に」と添えて返信をする。それ以上は不問とするが、「自分は甘いのだろうか」などと悶々としながら授業に向かう……。

嘘が容認されない世の中であっても、万人が本音を言っていると考える人は皆無であろう。とても本音とは思えないが、嘘とも言い難いような言動が、私たちのコミュニケーションの少なからぬ部分を占めている。それだから、「バレなければ嘘をついてもよい」と考える人が出てくるのも仕方のないことのように見える。しかし、バレなければそれでいいのだろうか。

前章において、「とくに政治家や公務員、企業の経営者など広い意味で公的地位にいる人は、公的な場ではウソを語らざるをえない」という中島義道の指摘を紹介した。この指摘に続いて、中島は次のように述べている。

誤解のないように付言しておくと、政治家はいつもホンネを語れとか、いつもタテマエを語れ、という単純なことを言いたいわけではない。政治家が「真に思っていること」を語った結果として、多くの被災地の住民を傷つけたのなら、彼は政治家の適性を欠くと言うだけである。むしろ、私が声を大にして言いたいことは、こういう事件が起こると、これに続いてあからさまなウソが続くことである。袋叩きに遭うや否や、ほとんどすべての政治家は「本心ではなかった」と語り「失言」を認める。これこそ真正のウソなのであり、政治家として、いや人間として最も道徳的に悪いのである。(2)

政治家が本音を語ったにもかかわらず、バッシングを受けるや否や「本心ではなかった」と嘘をつく。「これこそが真正のウソ」である、と中島は喝破する。なぜそのように言えるのか。中島は「当人が「そのとき見たことや聞いたこと、あるいは語ったことや為したこと」を否定し、それに反して語ることは、いかに反証が挙がらなくても、まさにウソの極致、よって道徳的悪の極致ではないだろうか(3)」と考えているからである。つまり、事実に関する嘘は、もっとも悪質であると考えているのである。これは中島の個人的な価値観ではない。私たちの社会で共有された価値観である。自分の感情や好みを偽り、おべっかを使うような場合とは異なり、証言やデータを偽装することは、刑罰の対象となりうるからである。

ビッグモーター社の事件も、事実に関する嘘がバレしてしまったために大問題になってしまった事例である。バレていなければ、今でもまともな会社として認知されていたかもしれない。敢えて邪推すれば、バレずにすんでいるだけで、同様の手口で顧客や保険会社を騙していた中古車販売会社も少なくないのだろう（まだやっている会社があれば、即刻止めていただきたい）。バレなければ、嘘は真実として流通してしまう。そしてその結果は深刻である。自動車修理・販売業者の不正は、整備不良車がそこら中を走り回っているような危険な交通状況を作り出してしまうからである。

事実に関する嘘がもっとも悪質なのは、私たちが事実に基づいて社会活動を行なっているからに他ならない。したがってもしも事実に関して嘘があったとすれば、私たちの社会活動に深刻な影響が出てしまう。

二〇〇〇年に発覚した旧石器捏造事件は、考古学という営みを揺るがす大騒動となった。これは在野の考古学研究者であった藤村新一氏が、遺跡発掘調査において旧石器をこっそりと埋め、自分で掘り出すという捏造を行なった事件である。次々と遺物を発掘するその手腕によって藤村は「神の手（ゴットハンド）」と呼ばれたが、捏造発覚によって、関与した遺跡調査結果が史料的な価値を失った。その数はなんと、遺跡一七〇カ所、石器資料三五〇〇点に及ぶという(4)。これは日本の旧石器時代研究を根幹から瓦解させるような出来事であった。旧石器時代の場合、年代測定は石器が埋まっていた地層に基づいて行なわれるため、出土した場所が決定的な意味を持つ。したがって発掘調査の結果がすべてといっても過言ではないのに、そこで捏造が発覚したからである。ＳＴＡＰ細胞事件やベル研究所ヘンドリック・シェーン事件など、学術的な捏造は後を絶たないが、学術に与えた影響に鑑みれば、旧石器捏造事件は類を見ないものであった。

捏造が発覚していなかったならば、私たちは今でも藤村の（捏造した）発見と、それに基づく学説を史実として受け取っていたであろう。繰り返すが、事実に関する嘘は、バレない方がより重篤な結果を社会にもたらすのである。

５　嘘は本人をも傷つける

ここまで、嘘の社会的害悪についてみてきた。嘘は相手を貶め、組織を腐敗させ、社会活動を阻害する。これらは嘘の外面的な効果といえる。これに対し、嘘の内面的な効果というものを考えることができる。それは自分自身にもたらされる効果である。私が嘘をついたとき、私自身にとって何か害悪があるのだろうか。

自己利益のための嘘は、バレなければ私に利益をもたらしてくれる。飲み会でひとり三〇〇〇円の会計のとき、私が支払ってもいないのに「もう払ったよ」と嘘をついたとしよう。この嘘が通ると、私はタダで飲み食いできるという点で、得をする（そして肩代わりした誰かが損をする）。嘘がバレたとしても、正規の料金を支払うだけなので、損はしない。このようなケースで訴えられ、罰金が取られることは、まずないからである。

このような場合、純粋に金銭的な損得だけを考えれば、嘘をついた方がよい。にもかかわらず、私たちはこのような嘘をつくのを躊躇するだろう。その理由の一つは、信用を失いたくないからである。嘘がバレた際には、たしかに金銭面では損をしないかもしれないが、しかし相手の信頼を失い、距離を置かれてしまう。それは大きな損失である。

私たちは誰かの嘘に気づいたとき、あるいは嘘をついていると疑っているとき、言動のみならず相手の人間性をも疑うものである。もちろん、いつもネガティブな評価になるわけではない。自分を守るための「優しい嘘」であれば、むしろ相手を頼りになる立派な人間だと判断することもあるからである（もっとも、自分を思っての嘘であれば喜んで受け入れるという態度は、いささかエゴイスティックに過ぎるように思われるが……）。しかしながら、公的な場や人間関係にあっては、嘘つきの人間性はネガティブに評価されるだろう。そのような状況での嘘は、その外面的効果はさておき、当人の人間性を貶める結果となるのだ。

嘘をついた当人の人間性に対する評価は、他人が行なうだけではない。私たちは、自分で自分を評価する生き物だからである。もしもあなたが「嘘つきはろくでもない人間だ」と考えているのであれば、あなたが嘘をついたときには自分自身をろくでもない人間だと評価しなければならない。

ハンナ・アーレントはソクラテスに言及しながら「悪しきことを行うと、わたしは自分のうちに悪しきことを行った者をかかえこんでしまい、この者と耐えられないほどの親しい間柄で一生を過ごすことを強いられる」と述べている。(5) 嘘についてもこのことは当てはまる。私たちは一度嘘をついてしまうと、嘘をついた自分と生きていかなければならなくなる。嘘が悪質であればあるほど、私たちは軽蔑すべき人間を心の中に飼うことになってしまう。その結果、私たちの自己肯定感は下がり、自己嫌悪に陥ることもあるかもしれない。

それだから私たちは往々にして、自分自身から目を背け、こうした自己評価を回避しようとする。しかしながら、無意識にであれ意識的にであれ、そうした回避をしてしまうのは、自分自身を反省し、直視してしまうと自分を卑下せざるを得ないということに、私たちが気づいているからに他ならない。

より抽象的なレベルでは、カントが『人倫の形而上学』の中で述べたように、「嘘は自らの人間としての尊厳を格下げし、いわば否定する」(AA 6, 429) ような行為であると言える。というのも嘘をつくことによって、私は自分がいわば人でなしになってしまうことを、自ら選択してしまうからである。私が見たり聞いたりしたことに反して嘘をつく場合、私は同時に自分の目や耳を裏切ることになる。それどころか、人間に特有の認識能力や道徳的判断力をも裏切ることになる。嘘をつくとは、自分自身を裏切り、自分を(例えば利益を得るための)道具にしてしまうことを意味している。かくして、嘘は相手のみならず、自分自身の尊厳をも棄損してしまうのである。

6　嘘の禁止の厳格適用は正しいのか

本章では私たちは、「嘘は道徳的に悪い」ことを前提とした上で、嘘の許容と害悪について考えてきた。

嘘は個人の裁量において、組織のルールに従って、あるいは世間の声や社会的適切さによって、許されたり許されなかったりする。

しかしながら、いかに嘘が適切だとされたとしても、そう判断すること自体が不適切なこともありうる。それどころか、嘘を許容するような判断は、論理的にはすべて不適切であるとさえ言える。一般に道徳とは、私たちにとって最高の規範である。したがって道徳的悪とは、もっとも悪いものである。私たちが嘘を道徳的悪だとしながらも、「全ての嘘は等しく悪ではない」と考えているならば、それは矛盾である。

先ほど確認したように、私たちは通常、嘘の質を考慮しているのだから、この矛盾は実際的なものでもある。たしかに実生活上は、私たちは様々な場面で嘘を容認している。しかしながら私の嘘が許されるか否かは、結局のところ嘘をつかれた相手や、嘘を裁く（裁かない）組織・世間に依存している。「たとえバレたとしても、この程度の嘘ならばついてもよい」と私が判断するのは、相手はきっと笑って許してくれる、組織は私をかばってくれると高を括っているからである。そうであれば、それは甘え以外の何物でもない。

さて、これから見ていくように、カントは自己利益のためであれ、特定他者の利益のためであれ、あるいは人間愛のためでさえ、嘘をついてはならないと考えている。今述べた通り、これは論理的には正しいものであった。もちろん、論理的に正しいということだけで、私たちの生活実態を反映してはいない。人間は道徳よりも、自己や他者の利益を優先してしまう生き物だからである（これをカントは根本悪と呼んだ）。だからこそ、「私たちは嘘をつかない」とは言えず、「私たちは嘘をついてはならない」とされるのである。

しかしながら、「いかなる場合でも嘘をついてはならない」と言うのはあまりにも厳格すぎるのではないか。嘘の禁止を厳格に適用しすぎると、社会関係が成り立たなくなるのではないか。

コンスタンから異論が提出されたのも、まさにこのような疑念による。彼のカント批判は「政治的反動について」の「原則について」という章において提示されており、原理原則の厳格適用を批判する文脈においてであった（この意味では、カント批判は、あくまで原理・原則の厳格適用の一例にすぎず、コンスタンにとってもさほど重要ではなかったようである）。コンスタンが危惧していたのは、原理原則を杓子定規に当てはめていくことによる、人民の反動であった。しかもそれは杞憂ではなく、同時代のフランス革命が辿った道であった。

カントとコンスタンの論争をいま振り返るのは、嘘の禁止をめぐる考察として歴史的・哲学的に興味深いだけではない。道徳の厳格適用の是非は、私たちにとってもいまだに問題であり続けているからである。

すでに触れたように、差別的・侮蔑的な言動の禁止は論理的には（もちろん道徳的にも）正しい。しかし配慮のない言動を厳格に禁止していくと、それに対する反動（バック・ラッシュ）が起こる。現に、多様性の尊重を目指してきたはずの私たちの社会は分断され、主張を異にする様々な集団《クラスター》が、互いに反目し合っている。

目下のところ、至る所でＩＣＴやＡＩの導入が進んでおり、道徳の厳格適用が機械的になされるような体制が現在進行形で出来つつある。外回りと嘘をついて営業マンがパチンコを打ったりネットカフェで昼寝をしたりできた時代は、ＧＰＳを利用した管理技術によって牧歌的な過去となりつつある。嘘をついて仕事をさぼることは言語道断であるが、それを機械的・技術的に監視し、違反者に問答無用で罰を与えるような社会は、どこか恐ろしい社会である。「結果さえ出せばさぼっても許される」と考えるのは甘えかもしれないが、こうした甘えを互いに容認し合っているからこそ、私たちは日々の労働に耐えていけるのではないだろうか。

こうした現状を一瞥しただけでも、「道徳の厳格適用とその反動」というコンスタンの問題提起は、私たちがいま、まさに考えなければならないものであろう。この問題に対してコンスタンが出した回答については第Ⅲ部で整理するが、本書が注目するのは「嘘論文」を通じたカントの答えである。

カントの回答は、道徳的に健全な政治体制を構想するものであり、控えめに言っても理想論である。筆者は、この理想論通りに現実が動くなどとは考えていない。コンスタンのように、原理原則の厳格適用を避け、中間原則（第一原理を制限し、現実にうまく適用できるよう具体化していく規則）によって極端な結果に陥るのを避ける方が、私たちにとって馴染み深いものであり、一般に支持されるであろうことは容易に想像できる。

しかしながら、現実に合わせて原理・原則を捻じ曲げるような蛮行が、政治・経済はもとより公教育の世界でさえ堂々と行なわれるような現実を目の当たりにすると、カントの理想論を無視する気にもなれないというのが正直なところである。実際「法・権利は決して政治に屈してはならない。むしろ政治が、つねに法・権利に合致していなければならない」（本書九三頁）というカントのメッセージは、私たちの正義感覚に合致している。

カントとコンスタンの論争のどちらが正しいのか（あるいはどちらも正しい・どちらも間違っているのか）の判断は、読者一人ひとりに委ねたい。当然のことながら重要なのは、どちらが勝ったのかではなく、そこから何を学び取るかである。いよいよ「嘘論文」読解に進もう。

〈注〉

(1)もちろん行政もこの問題を認識している。例えば(中央教育審議会初等中等教育分科会、二〇二二)を参照のこと。しかしながら、予算の増大や人員拡大をはじめとした政策実行の気配はなく、本気で問題解決しようという気概は見られない。

(2)中島、二〇一九、五四頁。

(3)中島、二〇一九、四〇頁。

(4)事件の調査報告については(小田、二〇〇四)を参照のこと。事件の余波は、学術に与えた影響だけでは済まなかった。事件発覚の翌年、『週刊文春』が別府大学名誉教授の賀川光夫氏にも捏造疑惑ありと報じ、賀川氏が抗議の自殺をしたのである。なお、歴史的事実がどのように定まるのかついては(小谷・網谷・飯田・上村編著、二〇二二)も参照のこと。

(5)アーレント、二〇一六、一四九頁。

第Ⅱ部　カントの「嘘論文」解題と翻訳

第4章　カント「嘘論文」解題

1　「嘘論文」の射程

第I部では、嘘の定義に始まり、正直さの義務、正直さと嘘の非対称性、嘘の容認、嘘の社会的害悪（外面的効果）と人間性に対する棄損（内面的効果）などについて考察してきた。そこでは嘘をめぐる諸問題・諸論点をできるだけ多くカバーし、嘘とは何であり、嘘はなぜ悪いのかを説明してきたつもりである。

これに比べれば、ここで翻訳するカントの「嘘論文」では、想定された状況がずっと限定されたものであることに注意が必要である。

そもそも「嘘論文」（正式には「人間愛から嘘をつく権利という、誤った考えについて」）というタイトルになっているが、実際に問題になっているのは信念にしたがう義務、すなわち正直さの義務である。

また、これも第I部で確認したことであるが、「嘘をつかないこと」と「正直に言うこと」はイコールではなく、嘘の禁止は正直さの義務を含意してはいない。この点に着目してサンデルは、殺人者から友人を匿っているかを聞かれたときには、嘘をつかずにごまかせばよい、と答えている。[1]コンスタンの「正直さの義務」を「嘘をつく権利」と読み取り、「誤った考え」としてカントが批判したのは、やや勇み足であったようにも見える。

いや、そうではない、というのが筆者の見解である。カントは「正直さの義務」と嘘の禁止を素朴に同一視していたわけではない。コンスタンが設定したのは「ある殺人者がいて、私たちの友人を追っている。そして私たちに、その友人をかくまっていないかと尋ねた」(本書八五頁)ような場合であるが、カントはこれを「イエスかノーかで回答するより他にない場合」(八六頁)だとしているからである。イエスかノーでしか答えられない以上、ごまかすことはできない。ついでに言えば、沈黙はイエスを意味するような緊迫した状況であると、ここでは仮定した方がよいだろう。問題は嘘をつくか、正直に答えるかのどちらかしかできない二択状況において、私たちはどうするべきかなのである。[2]このような場合には、嘘の禁止と「正直さの義務」(カントの言葉では「信念にしたがう義務」)は同じものとなる。

また、ここで扱われる嘘の禁止は、法規範上の禁止をめぐるものである。カントが「ここで私は信念にしたがう義務という原則を、「信念に反して発言することは、自己自身に対する義務に反する」という話にまで広げようとは思わない」（本書八五頁）と述べているように、本書で嘘の内面的効果と呼んできたものについては、議論の埒外に置かれている。このような限定が付された理由は、コンスタンがカントの立場を次のように要約したからである。「ある殺人者がいて、私たちの友人を追っている。そして私たちに、彼をかくまっていないかと尋ねたとしよう。そのとき殺人者に嘘をつくことは、犯罪になるのだ」（八五頁）。ここで「犯罪」と訳したドイツ語の Verbrechen は、違法行為を意味している。したがって主要な問題は、このような場合の嘘に法的な裁きが下りうるか否かであった。

コンスタンは、殺人者に対する嘘が犯罪になるなど馬鹿げていると考えている。彼は上の引用を、原理の厳格適用がもたらす奇妙で極端な事例として提示しているからである。これに対しカントは、次のように答える。「もしもあなたが、いままさに殺意をもって行動している人間の蛮行を、嘘によって実際に防いだとしよう。そのような場合でもあなたは、あなたの嘘に由来するであろうあらゆる帰結に対し、法的な責任を持つことになるからだ。これに対し、あなたがどこまでも信念を貫き通すならば、司法が裁きたくなるような不測の事態が生じたとしても、当局はあなたに手出しできないのだ」（八八頁）。

筆者の見立てではカントのこの説明は無理があるように思う。上の事例において「友人は家にいる」と正直に言った場合、罪にはならないとカントは言う。「正直な発言によって誰かが苦しむとしても、発言者自身がその人を傷つけたわけではない。不慮の事故が、こうした苦しみを引き起こしたにすぎない」（九一頁）からである、と。これに対し、友人はここにはいないと嘘をつき、殺人者が外に出ていった際に、（実は外に逃げ出していた）友人が見つかって殺されてしまったとする。「このときあなたは、この殺人の元凶として、告訴されてしまうかもしれない。そしてそれは正当なのだ」（八九頁）とカントは断じる。本当にそうなのだろうか。正直な発言と友人の殺害との間に因果関係がないのであれば、嘘の発言と友人の殺害の間にも、やはり因果関係が認められないのではないだろうか。

これは誰かの言動の帰結をどこまで認めるか、という問題である。例えば私が「また会いましょう」と社交辞令で言ったにもかかわらず、相手がそれを信じて会合を迫り、ついにはストーカーになってしまったケースを考えてみよう。この場合、原因を作ったのは私の言動であり、ゆえに私が責任を負うことになるのだろうか。不用意な発言をした点では反省の余地があるのかもしれないが、私はあくまで被害者であり、悪いのはストーカーであると考えるのが自然だろう。あるいは、インフルエンサーの情報を信じて株を購入し、大損した場合はどうだろうか。やはり責任は情報提供者にではなく、株を購入した本人にある。どのような情報を信じるにせよ、株取引は自己責任で行なうのが鉄則だからだ。このように誰かの言動を鵜呑みにして行為をしたからといって、行為の責任はその言動を行なった相手にあるとはかぎらない。

一般に、ある事柄に対する責任は、それを引き起こした原因に帰せられる。私たちの行為の原因は、意志決定にあると考えられている。行為とは「〇〇しよう」という決断の上でなされるものだからだ。したがって私の行為の責任は、私（の意志）に帰せられるのがふつうである。ところが、①ある人の言動が私の行為選択に決定的な役割を果たし、かつ②その言動にしたがって行為すべきでない客観的理由が認められず、③その言動が嘘であった場合には、私の行為の責任は、私ではなく嘘をついた当人に帰せられる。先のストーカーや株取引失敗者の場合には、②が成立しない。社交辞令あるいは虚偽情報の可能性を考えれば、相手の言動を鵜呑みにすべきではないことはすぐに分かるはずだからである。ゆえに、行為の責任は自分自身で背負わなければならない。

嘘の発言と友人の殺害の関係においても、同様に②が成立しない。いかなる言動を受けようとも、誰かを殺害すべきではないからである。「人を殺してはならない」という道徳的義務が、まさに「その言動にしたがって行為すべきでない客観的理由」となるのである。もちろん、暴力的な言動を受けた場合には、情状酌量の余地はあるだろう。しかしながらその場合でも、全責任は発言者にあって、殺人者にはない、ということにはならない。ましてや、コンスタンが出している事例では、私の嘘は殺人者の殺意を形成するものではなく、それどころか殺人を予防しようという意図でなされるものである。私の嘘が結果として殺人を引き起こしてしまったとしても、その責任は殺人者の意思決定に帰せられるべきであって、私にはない。

カントの説明が間違っているのは、嘘をついた当人を「殺人の元凶として」、すなわち殺人に加担したという意味で「犯罪」者だとみなそうとしているからである。実際には、コンスタンの出した状況においても嘘は違法性を有するとだけ言えばよく、殺人への関与を考慮する必要はまったくない。なお、「当局」という言葉も出てくるが、カントは実際に裁判所がどう判断するかという経験的な次元ではなく、法規範という理念のレベルで議論を展開している。経験的には、脅迫された状況での嘘という事案に対し、何らかの有罪判決・賠償命令が下ることはありえないだろう。しかし道徳的思考を厳密に突き詰めていけば、いかなる状況であっても嘘は犯罪であると言わざるを得ないとカントは考えている。

そうであったとしても、「嘘それ自体は本当は許されず、いずれ犯罪として取り締まることも必要である。しかし早急にそれを実現すべきかどうかは慎重に判断しなければならない」と、留保することもできたはずである。こうした回答は彼自身のスタンスに矛盾しないはずである。カントは『永遠平和論』の中で常備軍の撤廃を主張しているが、即時廃止とはまでは言わず、撤廃時期についてはカントは留保しているからである（第8章を参照）。

ようするに、カントは次のように議論することもできたように思われるのだ。（A）法規範の理念から考えると、嘘の禁止は普遍的義務であり、脅迫された状態での嘘にも違法性はある。

しかしながらそれは（B）殺人に関する違法性ではない。また（C）嘘の違法性は理念的には犯罪（法の毀損）と呼びうるため、（D）現実には犯罪として取り締っていないとしても、いずれは取り締まるべきである。とはいえ（E）いつどうやって取り締まるのかは、現実状況を見ながら判断するべきである。このように回答すれば、カントの議論は極端であったとしても、現実離れした空理空論と見られることはなかったように思われる。

さて、カントは嘘が法規範上許されない理由を、さらに抽象的なレベルで説明している。カントは言う。嘘の禁止は「契約に基づくあらゆる義務の基礎であると考えられねばならないような、義務である」（八九頁）。したがって、「たとえ特定の誰かに害をなすことがないとしても、法・権利の源泉を台無しにすることによって、人間性一般を傷つけるのである」（八八頁）。ようするにカントは、法・権利は社会契約によって機能しており、社会契約は信用によって成り立っているのだから、嘘の禁止に例外はないと言っているのである。これはコンスタンの「真実を言うことは義務であるという道徳的な原則は、無条件的なもの、絶対的なものとして受け取られてしまうならば、あらゆる社会を不可能にしてしまうだろう」（八五頁）という挑発に対する回答である。

筆者は、この回答は重要であると考えている。嘘が社会を腐敗させてしまうことについては、第Ⅰ部でも確認した通りだからである。しかしながら、殺人者から友人を守るという事例においてさえ嘘をついてはならないとする理由としては、ひじょうに弱いものであると言わざるを得ない。というのも、殺人者に脅された状況での嘘が、社会を腐敗させるような類の嘘に該当するとは思えないからである。もちろんこれは経験的な次元の話であって、理念的にはどんな小さな嘘でも「人間性一般を傷つける」と言うことは不可能ではない。それでも、理念と現実とが釣り合っておらず、大山鳴動して鼠一匹といった印象は拭えない。

このように見てくると、「嘘論文」は失敗作であるようにも思われる。以下で確認するように、そういった見方をされてきたのも事実である。ところが、論文の最後でカントがいささか唐突に「政治の原則」を語り出したことによって、論文はにわかに重要性を帯びてくる。というのも、嘘の禁止の原則は、政治（行政）においてこそ、その真価を発揮するからである。「嘘論文」に先立って出版された『永遠平和論』においても、「政治は言う、「ヘビのように狡猾であれ」。道徳は（〔政治を〕制限する条件として）付け加える、「そしてハトのように偽りなく」」（AA 8, 370）とカントは述べている（これについては第Ⅲ部で取り上げる）。『諸学部の争い』においては、わが身の危険を顧みずに公然とフランス革命支持を表明した知識人たちを称賛していた。[3] 彼らはまさに、黙っていた方が無難な場面で、自らの信念を正直に述べたのである。嘘の禁止や正直さの義務は公的な場ではきわめて重要であり、健全な社会を形成・維持するためにはその例外が認められてはならない。このような観点から論文全体を読み直すと、カントの議論はいまも魅力的であるように思われるのだ。

2 論文出版の経緯と評価

さて、カントの「嘘論文」は、『ベルリン雑誌（Berlinische Blätter）』第十号（一七九七年九月六日刊行）に掲載された。同誌は当時のドイツでは最重要のオピニオン誌のひとつであった『ベルリン月報』の後を継ぐものであり、広く読まれた雑誌であった。

カントがコンスタンによる批判を知ったのは、『一七九七年のフランス』第六巻第一号に掲載された、コンスタンの『政治的反動について』という論文の独訳によってである。この独訳がいつ刊行されたのかは定かではないが、原著は一七九七年四月上旬に出版されたものである(4)。したがって、どんなに早く見積もっても五月以降であるだろう。「嘘論文」は九月にはもう刊行されているのだから、カントが猛スピードで『政治的反動について』を検討し、再批判論文を執筆したことは明らかである。このときカントは七三歳であった。

実はカントとコンスタンの間には、論争と呼べるほどたいそうなやり取りがあったわけではない。「嘘論文」出版後、コンスタンがカントに言及することはなく、老齢のカントもこれに関して新しい展開を示すことはなかった。にもかかわらずカントとコンスタンのやり取りが人々の興味を長く引いてきたのは、やはり主題がもつ哲学的魅力と、常識外れなカントの回答ゆえであろう。

高齢と速筆のためか、「嘘論文」は綻びの多いテクストである。概念使用は一貫しておらず、自分で設定した区別が守られていない。文法的に成立していない箇所もある。話が飛んだり、中断したり、繰り返しも少なくない。なにより、コンスタンが「あるドイツの哲学者」の意見として紹介した、「ある殺人者がいて、私たちの友人を追っている。そして私たちに、彼をかくまっていないかと尋ねたとしよう。そのとき殺人者に嘘をつくことは、犯罪になるのだ」という主張について、「このような意見を実際に私がどこかで表明したのか、いまはもう思い出せない。しかしここで私は、それが自分の意見だったと認めようと思う」（九五頁、傍点引用者）と述べている点が注目を浴びてきた。カントがこのような主張を著作上で行なったことは一度もなかったからである。

この時期のカントの体調について、M・キューンは『カント伝』の中で次のように述べている。

> 一七九六―九七年冬学期の大学評議会の記録には次のような書き込みが見いだされた。「イマヌエル・カント、哲学部の論理学形而上学正教授にして長老、「私は老齢と体調不良のため講義することができなかった」」。一七九七年夏学期の書き込みはこうであった。「彼〔カント〕は老齢と衰弱のため講述することができなかった」。（中略）今やカントは

これまでの人生を通じて最も引きこもった生活を送っていた。それでも午前五時には起床し、お茶を少し飲み、パイプをふかし、「それから午後一時少し前までは仕事机に向かった」。彼自身のこぼす不平が信用できるとすれば、彼はその間仕事に集中することができなかった。というのも、知的で骨の折れる仕事を持続するのは困難であることに彼は気づいていたのである。(5)

このような事情をふまえて「嘘論文」執筆スピードをもう一度考えてみると、カントは「嘘論文」に並々ならぬエネルギーを注ぎ込んだであろうことがうかがえる。何が老哲学者をそこまで動かしたのか、今となってははっきりとは分からない。哲学者として、自説に対するプライドもあったのかもしれない。問題自体が彼の知的関心を惹いたのかもしれない。しかしながら、やはり政治に対する不満がそうさせたのだと筆者は推測している。「嘘論文」が執筆されたのは、フランス革命が悲惨な末路を迎え、ヨーロッパ全体の政情不安が続き、政治の世界があからさまな権謀術数に満ちていた時代であったからである。そして講義もままならなくなり、精神が激しく衰えていく中で、『一七九七年のフランス』というシリーズ本を手に取った（あるいは誰かに読み聞かせをさせた）ということそれ自体が、ヨーロッパ政治に対するカントの関心の高さを示している。このように考えると、コンスタンが原理の厳格適用の馬鹿馬鹿しさを示すためにカントを利用したように、カントもまた、コンスタンからの批判を政局批判の隠れ蓑に使ったのかもしれない。

ともあれ「嘘論文」は「知的で骨の折れる仕事を持続するのは困難であ」ったカントが、大急ぎで書いたものである。しかも彼の出した答えは、たとえ友人が死ぬことになったとしても、嘘をついてはならないといったものであった。この回答に関しては、カント研究者からの評判でさえ、芳しくなかった。先行研究の傾向を、堤林剣は次のように整理している。少し長いが、よくまとまっているので引用し紹介しよう。

事実、刺客の例〔コンスタンが提示した殺人者の例のこと〕に関するカントの結論を積極的に擁護する者は、カント研究者ないしカンティアンの間ですらほとんど見当たらない。それどころか、「嘘」論文の議論に対する積極的な批判も珍しくないのである。例えばハーバート・ペイトンにおいては、カントの他の著作で展開される倫理学においては道徳法則の適用に際して常に否定されるべき「恣意的例外」と場合によっては「最重要原理」尊重の目的で許容されるべき「必要的例外」との区別がなされており、人命を救うための嘘は後者に属すると説明された上で、「嘘」論文の虚言論は本来のカントの倫理学からの例外ないし「一時的な無分別」に過ぎないとの解釈が付されている。そして彼は、こうした逸脱の原因を「老年の不機嫌」と「忘れっぽさ」、さらにはコンスタンがカントを「ドイツの一哲学者」と呼んだことに対する「いらだち」に見出そうとする。（中略）批判者のうちにも、ペイトンのこうした精神分析もどきの説明に賛同する者は必ずしも多くなかろうと思われるが、しかし「嘘」論文での主張がカントの倫理学体系とは整合的でないとみなす立場に関して言えば、これを共有する論者もまた決して少数ではないのである。(6)

もちろん、堤林も述べるように、カントを擁護する立場もある。いずれにせよ、ほとんどの研究者が苦慮しているのは、次の点を示すことであったように思われる。すなわち、「たとえいかなる結果になろうとも、それが義務であるならば行なえ」とする義務論の立場に立ったとしても、かならずしも「嘘論文」のような極端な主張を受け入れざるを得ないわけではない、と。この点では「嘘論文」は、義務論の大家であるカント自身によって書かれた、義務論への挑戦状という意味合いを持っているように思われる。

これ以上の深入りは本題から逸れてしまうため、自重しよう。さらなる詳細な解説は第Ⅲ部に譲りたい。ここでは最後に、論争相手のコンスタンについて、少し紹介しておこう。

バンジャマン・コンスタン（Henri-Benjamin Constant de Rebecque, 1767-1830）はスイス出身の小説家・思想家・政治家である。日本では一般にはあまり知られていない人物であるが、小説『アドルフ』を筆頭に『近代人の自由と古代人の自由』、『バンジャマン・コンスタン日記』などの邦訳がある。杉本隆司はコンスタンが後世に与えた影響を次のように整理している。

彼は政治論と文学でその名を歴史に残しているが、その著作が十九世紀の思想家に広く影響を与えていたことはあまり知られていない。ドイツではフォイエルバッハや若きマルクスの原始宗教理解の情報源の一つであったし、フランスではオーギュスト・コントとサン＝シモン主義者らがコンスタン経由で彼らの歴史哲学にフェティシズム概念と宗教進歩論を導入している。(7)

このようにコンスタンは、政治学・文学・社会学・歴史哲学・宗教哲学といった幅広い分野に足跡を残している。彼の『政治的反動について』は、このうち政治学に属する小著である（かつて丸山眞男も紹介・分析していたので、ご存じの方も多いかもしれない(8)）。当時のコンスタンの基本的なスタンスは、一七九五年に成立した総裁政府を擁護し、それに反対するネオ・ジャコバン派および王党派と対峙し、穏健な共和主義によってフランスの平和と安定をもたらすことであった。(9)

コンスタンはティーンエイジャーの頃から、ドイツ・スイス・スコットランド・フランスといったヨーロッパ各地を転々としながら生活し、多くの知識人と交流を行なった。亡命知識人や自由思想家の集まるシャリエール夫人やスタール夫人のサロンにも出入りしており、実生活でも多くの知識人や政治家に影響を与えた人物であったと伝えられている（とくにスタール夫人とは、長く愛人関係にあった）。カントに関する情報も、直接読んだのではなく、社交場で誰かから聞いたにちがいない。繰り返すがカントは著作の中で、コンスタンが揶揄したような主張を行なったことはないからである。

3　翻訳について

以下、翻訳方針について簡単に説明しよう。とくに興味のない読者は、飛ばしていただいてかまわない。

カントのような古典的哲学者の場合、原語と訳語を一対一で対応させ、構文を正確に反映させるといった点に配慮するのが通例であるが、本書では日本語として自然に読めるよう配慮した。その際、煩雑さを避けるために、訳注も付さなかった（なお、〔　〕は筆者の補足である）。

次に訳語についてであるが、キータームについては以下のように訳出した。

（一）原文の Wahrhaftigkeit は「信念」「信念にしたがう（こと）」などと訳した。通常の哲学用語では、信念はGlaube（英：belief）の訳語として用いられるが、本書第Ⅰ部の議論を踏襲した。本文中でWahrhaftigkeitが「主観的な真実」と言い換えられ、本人が真実だと信じている事柄を指しているために、大きくは外していないはずである。いわゆる客観的な真実を意味するWahrheitは「真実」と訳し、区別した。また、Unwahrhaftigkeitは「信念に反する（こと）」とした。

（二）カントは、「真実」と「信念」を区別したにもかかわらず、その区別は論文全体では一貫してはいない。「信念」とすべきところが「真実」になっている箇所が散見されるのである。そこで翻訳では、そのような場合には「信念」と訳出し、「*」を付した。

（三）Recht auf Wahrheitは、直訳すると「真実への権利」である。しかしこれは、証言を引き出そうとする相手がもつ「真実を知る権利」と、私が正直に証言するという「真実を言う権利」という二つの側面をもっている。コンスタンは前者を重視し、カントは後者を重視している。そのため、文脈に応じて訳し分けた。ただし、どちらも含みうるような抽象的な用法の場合には、「真実への権利」とした。

（四）ドイツ語のRechtsには「法」と「権利」両方の意味があるが、両方を指していると思われる場合には「法・権利」とし、そうでない場合には「法」ないし「権利」とした。Gesetzも「原則」「法律」「法規範」などの意味をもつが、これについても文脈に応じて適宜訳し分けた。「äußere Gesetzen」は直訳すると「外的法」であるが、これは「法律」とした。

〈注〉

（1）サンデル、二〇一一、二一三頁。

（2）（菅沢、二〇一〇）では、フィヒテを参照しながら「追っ手と戦う」（同、六一頁）という選択肢を考えている。しかしながら想定されているのは、それすらできない状況である。どのような状況を想定するにせよ、ここで思考実験の対象となっているのは①発言を避けることができない、②イエスかノー以外では答えてはならないという二つの条件を満たす状況である。

なお、同論文は義務の衝突（嘘の禁止と困窮者の救護義務）という側面からカントの議論を考察している。本書では扱いきれなかった観点からの洞察として重要である。

（3）これについては（小谷、二〇一〇）、を参照のこと。

（4）（堤林、二〇〇二、三六頁）、を参照のこと。

（5）キューン、二〇一七、七四一 - 七四二頁。

（6）堤林、二〇〇二、三頁。なお、原文中で示されている原語についてはここでは省略させていただいた。

（7）杉本、二〇一七、一四七頁。

（8）丸山、一九九六。

（9）『政治的反動について』の性格についても、（堤林、二〇〇二）を参照のこと。

第5章　カント「人間愛から嘘をつく権利という、誤った考えについて」

（小谷英生＝訳）

『一七九七年のフランス』第六巻第一号に掲載されたバンジャマン・コンスタンの「政治的反動について」一二三頁には、次のようにある。

真実を言うことは義務であるという道徳的な原則は、無条件的なもの、絶対的なものとして受け取られてしまうならば、あらゆる社会を不可能にしてしまうだろう。その証拠として私たちは、あるドイツの哲学者がこの原則から導き出した、たいへん直接的な帰結を挙げることができる。最終的に彼は、「ある殺人者がいて、私たちの友人を追っている。そして私たちに、その友人をかくまっていないかと尋ねたとしよう。そのとき殺人者に嘘をつくことは、犯罪になるのだ」〔原注1〕とさえ主張するに至ってしまったからである。

このフランスの哲学者は自著の一二四頁において、真実を言う義務に対し、次のような異論を唱えている。「真実を言うことは義務である。義務の概念は権利の概念と不可分である。義務は、共同体における別の者の権利に合致していなければならないのである。権利なきところには、義務はない。それゆえ真実を言うことが義務であったとしても、それは真実を知る権利を持った者たちに対する義務にすぎない。しかしながら誰一人として、他者を害するような真実を知る権利を持ってはいない。」

最初の誤り（πρωτον ψευδος）は、「真実を言うことが義務であったとしても、それは真実を知る権利を持った者たちに対する義務にすぎない」という文の中に潜んでいる。

まずは「真実を知る権利」というのが無意味な表現であることに注意しよう。むしろ次のように言うべきである。人間は自らの信念を言う権利、すなわち自らの人格における主観的な真実を言う権利を有する、と。というのも〔誰かの発言を通じて〕真実を知る権利が客観的に認められると言うのは、「たとえば所有権ですら、権利主張者の言い分が真実であるかどうかは当人の意思次第で決まる」と言うのと変わらないからである。これは奇妙な論理と言わざるをえないだろう。

さて、イエスかノーかで回答するより他にない場合に、私たちは信念に反する権限（権利）

を持っているのか。これが第一の問いである。第二の問いは次のようなものである。不正な強要によってなんらかの発言を行なわなければならない場合、自分を脅かす悪行それ自体を避けるために、あるいは他人を守るために、私たちは信念に反した言動を行なう義務すらあるのではないか。

発言を拒否できない状況において信念を言うことは、すべての人［原注2］に対する形式的義務である。たとえ信念にしたがうことで、当人または他の人間がいっそうひどい窮地に立たされるようなことになったとしても、そうなのである。なるほど、不正なやり方で発言を強要するような人間に対し、真実を偽った言動を行なったとしても、私は当人に対して不正を働いたわけではないのかもしれない。しかしそのような偽りは、（司法がどう判断するかは別として）やはり嘘と呼びうるものである。そのためそれは、義務一般の本質的な部分において、不正な言動なのである。すなわち私は、私に関するかぎり、発言（陳述）が信じられない状況を作ってしまったのである。したがってまた契約に基づくあらゆる法・権利を廃止し、その力を削いでしまったのである。これは人間性一般に対して与えられた不正である。

以上のことからわかるように、嘘とは端的に「他者に対して意図的に、信念＊に反した陳述を行なうこと」と定義される。法律家は「嘘とは、他人に危害を加えるような偽りの言である（mendacium est falsiloquium in praeiudicium alterius）」と定義したがるが、「陳述が他人に危害を加える」という条件は必要ない。というのも嘘はつねに他人を害するからである。たとえ特定の誰かに害をなすことがないとしても、法・権利の源泉を台無しにすることによって、人間性一般を傷つけるのである。

〔他人を守るためになされるような〕親切な嘘であっても、成り行きによっては〔不慮の事故（casus）によっては〕司法上の罪になることがありうる。いや、たとえ不測の事態を避けることができたとしても、なおも法律にしたがって不正であるという判決が下されることがありうる。もしもあなたが、いままさに殺意をもって行動している人間の蛮行を、嘘によって実際に防いだとしよう。そのような場合でもあなたは、あなたの嘘に由来するであろうあらゆる帰結に対し、法的な責任を持つことになるからだ。これに対し、あなたがどこまでも信念＊を貫き通すならば、司法が裁きたくなるような不測の事態が生じたとしても、当局はあなたに手出しできないのだ。ひょっとしたら、次のような事態だってあるかもしれない。殺人者が、「おれが憎んでいる奴が家にいるか」と尋ね、あなたが正直にイエスと答えたとしよう。しかしその隙をついて、実は当人は知らぬ間に外に逃げていたため、彼は殺人者に見つかることなく、殺人は未遂に終わったという事態である。このとき、もしもあなたが嘘をつき、「家にはいません」と答えたならば、どうなるだろうか。この場合でもやはり、当人は実際に〔あなたの知らないところで〕逃げているとしよう。そのときあなたの家を後にした殺人者が、当人と鉢合わせになる。そして、凶行に及んでしまう。このときあなたは、この殺人の元凶として、告訴されてしまうかもしれない。そしてそれは正当なのだ。というのも、あなたが知りうる限りの信念*を述べていれば、殺人者は被害者を家の中で探したであろうし、その間に駆けつけてくれた隣人たちによって取り押さえられ、凶行が未然に防がれたかもしれないからだ。このように嘘をついてしまった人間は、その嘘が親切心に由来するものであったとしても、嘘の帰結に責任を持ち、贖罪しなければならない。その責任と贖罪は、たとえ嘘の帰結が不測のものであったとしても、裁判で問われることすらある。なぜならば、信念に従うことは義務であるからだ。それも、契約に基づくあらゆる義務の基礎であると考えられねばならないような、義務であるからだ。契約に基づくあらゆる義務の原則〔である嘘の禁止〕は、わずかな例外を認めてしまっただけでも、ぐらついて使いものにならなくなってしまう。

したがって、いかなる言明においても信念に従う（誠実である）ことは、神聖で、無条件的に命令し、どのような事情があっても破られてはならないような、理性の戒律なのである。

コンスタン氏はこのように厳格で、一見すると実行不可能な理念に思われ、したがって忌まわしくもあるような原則に対し、次のように解説している。その内容はよく考えられたものであり、正しくもある。「真実と証明された原則であったとしても、それが使いものにならないときがある。そのような事態に陥ってしまう理由はつねに（とコンスタン氏は一一三頁以下で述べている)、原則の使用手段を示す中間原則を、私たちが知らないことにある」と。コンスタン氏は平等の教説を例に出している(一二一頁)。氏によれば、平等は人々を社会的に結びつけるための第一原理である。そして(一二二頁では)また、〔人民主権という別の原則を持ち出して〕次のようにも述べている。「人間は他の人々と一緒になって、自分たちで作り出すことに貢献した法規範以外には拘束されえない〔という原則を持っている〕。とても緊密な繋がりのある社会においては、こうした原則は直接的なやり方で適用されうるし、それが当たり前の原則となるためには、いかなる中間原則も必要ではない。しかしながら、人口のひじょうに多い社会においてはそうではない。そこでは私たちは、いま引き合いに出した原則に、新しい原則を付け加えなければならない。新しい原則とは、次のような中間原則である。すなわち、各人は自分自身の人格において、あるいは代理人を通して、法規範の形成に貢献することができる、と。このような中間原則なしに〔人民主権という〕第一原則を大きな社会に適用しようとすると、確実に社会を腐敗させてしまうにちがいない。しかしそのような失敗は立法者の無知ないし無恥が生み出したものであり、原則の誤りを証明するものではない」。コンスタン氏は次のように締めくくっている。一二五頁では、「したがって真であると承認された原則は、いかにそれが有害なものにみえたとしても、決して放棄されてはならない」、と。(このように述べたにもかかわらず、この善良な男〔コンスタンのこと〕は、信念を言う義務という無条件の原則を、それが社会にもたらす害悪を理由に、自ら放棄してしまうのである。というのも、コンスタン氏はそうした害悪の防止に役立つ中間原則を、発見することができなかったからである。実際、ここにはいかなる中間原則を差しはさむ余地はない。)

引用文でも用いられている人格という言葉を使い続けようとすれば、(次のことに気がつくだろう」。「このフランス人哲学者」は、真実を言うことが避けられない状況下で、真実を言うことによって、発話者が誰かに害悪を与える(nocet)という議論と、誰かに不正を働く(laedit)という議論とを、取り違えている、と。信念にしたがう発言が家の住人を傷つけたとしても、それは不慮の事故であり、(法律上の意味における)自由な行ないによるものではない。というのも、「利益になるから嘘をつくべきだ」などと誰かに要求できるような権利が認められたならば、そこからあらゆる法の規範性に真っ向から対立するような要求が、生じてしまうからである。たとえそれが自分自身あるいは誰かを傷つけるとしても、避けることのできない言明において信念にしたがうことは、権利であり、義務でもある。誰であれ、このような権利を持っているだけでなく、厳格な義務を負っているのである。それゆえ正直な発言によって誰かが苦しむとしても、発言者自身がその人を傷つけたわけではない。不慮の事故が、こうした苦しみを引き起こしたにすぎないのである。ましてや、(発言しなければならない場合に)信念にしたがうことが無条件的に妥当する義務である以上、発言者には選択の余地などまったくないからである。――「ドイツの哲学者」はそれゆえ、「真実を言うことが義務であったとしても、それは真実を知る権利を持った者たちに対する義務にすぎない」という一二四頁に記載された命題を、自らの原則としては認めない。その理由は第一に、この命題が不明瞭なものだからである。〔客観的な〕真実とは、ある人にその権利が認められ、別の人には認められないといった所有物ではけっしてない。第二に、こちらの方が重要であるが、ここで話題になっている信念にしたがう義務は、人格間に差異を設けるものではない。こうした義務を行使できるであろう人格であろうと、こちらから縁を切ることさえできるような人格であろうと、関係ない。信念にしたがう義務は、あらゆる関係において妥当するような無条件的な義務であるために、私はコンスタンのテーゼを認めることはできないのである。

さて、法・権利の形而上学（これはあらゆる経験的な条件を度外視したものである）から、政治の原則（これは法・権利の形而上学のさまざまな概念を経験事例に応用したものである）へと進み、そこから普遍的な法・権利の原理に適った政治課題の解決へと至るために、哲学者〔である私〕は、次の三つを提言したい。（1）法律の定義は、「普遍的な原理にしたがって各人の自由を万人の自由と合致させる」というものであるが、この定義から直接導出される公理（すなわち論理的に反論の余地のない命題）を提示する。（2）平等という原理なしには万人の自由はありえないため、この原理にしたがって万人の意志を統一し、公法を作成すべしという要請を

郵便はがき

112-8790

105

料金受取人払郵便

小石川局承認

6193

差出有効期間
2024年9月30日
まで

（受取人）
文京区関口1—29—6
松崎ビル202

白澤社

行

この度はご購読ありがとうございました。ご記入いただきました情報・ご感想などは、小社刊行物のご案内や出版企画の参考にさせていただきます。それ以外の目的では利用いたしません。

ご購入書名	

お名前	ご職業／学校	年齢 歳
ご住所 〒		
電話番号	E-mail	

この本をお求めの動機は？　ご覧になった新聞、雑誌名もお書き添え下さい。

1.広告をみて　2.書評をみて　3.書店で　4.人の紹介で　5.その他

よく読む新聞・雑誌名は?

新聞：　雑誌：

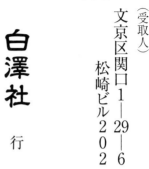

●読者通信

書名

◆本書へのご感想・ご意見をお聞かせください。

◆本書タイトル、装幀などへのご意見をお聞かせください。

※ご記入いただきましたご感想・ご意見等を当社ブログ等で
1.掲載してよい　2.掲載しては困る　3.匿名ならよい

●ご注文書

当社刊行図書のご注文にご利用ください。ご指定の書店へまたは、直接お送りいたします。直送の場合は送料実費がかかります。

白澤社 発行／現代書館 発売	
書名	冊数

お届先:お名前	電話番号
ご住所	

ご指定書店	取次店番線 (小社で記入します)
所在地	
TEL	

行なう。（3）これほどまでに大きな社会において、それでも（代表制を通じて）自由と平等という原理にしたがった融和が実現するためにはどうすればよいのか、という問題を提起する。以上が、今後の政治の原則となるであろう。そして、その実行と命令には、司法行政の機械的運用のみを意図した法令が含まれているであろう。この法令は人間の経験的知識から導き出され、なんとかして司法行政を目的合理的なものにしようと発せられるのである。――法・権利は決して政治に屈してはならない。むしろ政治が、つねに法・権利に合致していなければならないのである。

「真であると認識された原則は（私はこれに「アプリオリに認識された、したがって確実な」と付け加えるが）、決して放棄されてはならない。たとえ見た目上のリスクがどのようなものであっても」と著者であるコンスタンは述べている。いまやこの「リスク」とは、誰かを（偶然）傷つけてしまうといったものではなく、そもそも不正を犯してしまう危険性であると理解しなければならない。信念にしたがう義務はまったくもって無条件的である。この義務は何かを発言する際にもっとも遵守すべき法・権利上の制約である。それゆえ、もしも私が信念にしたがう義務を、場合によっては免除されることもある義務とみなすとき、ましてや他者を考慮して免除される義務とみなすときには、私は不正を犯してしまうであろう。たとえ私が発言を避けることのできない状況において嘘をつくことで、実際には誰にも不正を働いていないとしても、法の原理一般を損なってしまうのである（つまり、私は実質的ではないとしても形式的な不正を働いてしまうのである）。しかもこのような不正は、特定の誰かに対して（実質的な損害を与えるような）不正義を行なうよりも、いっそう悪いものである。というのも、特定の誰かに対する不正義の場合、かならずしも本人が（そうした不正義を行なってはならないという）原則を念頭に置いているとはかぎらないからである。

さて、いまある人物が発言を行なおうとしている。そのとき彼に、別の誰かが「あなたはいま、信念にしたがおうと考えていますか」と尋ねたとする。それは「ひょっとしてあなたは嘘つきではないでしょうか」という疑念の表明であったとする。そのとき彼が、疑われたことに対して憤慨するのではなく、「まずは例外がありうることを思い出してくれ」と答えたならば、彼は（潜在的には）嘘つきである。というのも、そのような人間は「信念にしたがうことは無条件的な義務である」とは認めず、規則に例外を設けようとしているからである。しかしながら、規則が規則である以上、いかなる例外もありえない。例外とは、まさに規則の例外という意味であれば、自己矛盾しているのである。

あらゆる法・権利上の実践的な原則は、厳格な真実を含んでいなければならない。コンスタンのいわゆる中間原則は、目の前の状況に対し、どのように（政治的な規則にしたがって）原則を適用するかをより正確に規定することができる。しかしながら、決して原則の例外を含むものではない。というのも、例外は普遍性を否定するからである。そして普遍性を否定するような原則は、原則という名前にふさわしいものではない。

〔原注〕

〔1〕〔「政治的反動について」の翻訳者である〕K・Fr・クラマーは次のように述べている。「ゲッティンゲンのJ・D・ミヒャエリスはこのような奇妙な意見をカントよりも先に述べていた。カントがこうした立場の哲学者であることについては、本論文の著者であるコンスタンから直接聞いたものである。」〔(**Constant, 1797, S. 123.**)〕このような意見を実際に私がどこかで表明したのか、いまはもう思い出せない。しかしここで私は、それが自分の意見だったと認めようと思う。

〔2〕ここで私は信念にしたがう義務という原則を、「信念に反して発言することは、自己自身に対する義務に反する」という話にまで広げようとは思わない。というのもこうした主張は〔狭い意味での〕倫理学に属するが、ここでは法義務が話題となっているからである。――〔倫理学、すなわち〕徳論においては、さまざまな義務違反における卑劣さのみが問題となる。そしてそうした卑劣さに対する非難は、嘘をついた者自身が引き受けることとなる。

第Ⅲ部　政治に対する道徳の優位

第6章　カントの反論

1　「嘘論文」に対する疑問点

サンデルに典型的にみられるように、「嘘論文」はこれまで、哲学的に興味深い事例として、あるいはカントの厳格主義を示すものとして読解される傾向にあった。しかしながらそのような読解からは、「嘘論文」の論争的性格が見失われてしまう。同時に、ふたつの問題が残る。

第一に、なぜカントは嘘の禁止に例外はないと主張するために、端的にそれが道徳的義務であるからという回答で終わらせなかったのか。道徳的義務は最高の価値なのだから、他の価値よりも重視されるべきである。したがってたとえ友人を危険に晒すことになろうとも、避けられない発言においては正直に言わなければならない。そう答えれば十分だったようにもみえる。しかしカントは、それ以上の回答を用意しているのである。

第二に、なぜカントは論文後半で唐突に「政治の原則」について語り出したのか。もしも

「嘘論文」が殺人犯に脅迫された状況における嘘の是非を論じるだけであったならば、「政治の原則」について語る必要などまったくなかったはずである。

このうち第一の疑問に関しては、一九七〇年代以降のカント法哲学研究の進展の中で言及されるようになってきた（その答えは、後述するように、嘘の禁止が法権利の基礎となるからだというものである）。しかし第二の疑問については、管見の限りほとんど分析がなされたことはなかったように思われる。

そこで第Ⅲ部では、「嘘論文」がコンスタンへの再批判論文であるという事実に今一度立ち返り、コンスタンの「政治的反動について」と対比的に読解していくことで、先に述べた二つの疑問に答えたい。そしてそれを通じて、カントが提唱した道徳的政治のあり方を確認する。

2　コンスタンの論難

本章ではまず、嘘の禁止をめぐって展開されたカントの再批判について、今一度整理しておこう。大筋についてはすでに第4章で確認したので、ここではより詳細に、テクストに即して分析していくことにしたい。

そもそもコンスタンのカント批判は、カントが引用している限りでは次のようなものであった。すなわち、「真実を言うことは義務であるという道徳的な原則は、無条件的なもの、絶対的なものとして受け取られてしまうならば、あらゆる社会を不可能にしてしまうだろう」（八五頁）。というのも、もしもこの義務が無条件に妥当するものであるならば、「あるドイツの哲学者」すなわちカントが主張したように、「ある殺人者がいて、私たちの友人を追っている。そして私たちに、彼をかくまっていないかと尋ねたとしよう。そのとき殺人者に嘘をつくことは、犯罪になる」（八五頁）からである。したがって真実を言う義務は、無条件に妥当するものではない。

それならば、真実を言う義務はどのような条件下で妥当するのか。カントはコンスタンからの引用を続ける。

> 真実を言うことは義務である。義務の概念は権利の概念と不可分である。義務は、共同体における別の者の権利に合致していなければならないのである。権利なきところには、義務はない。それゆえ真実を言うことが義務であったとしても、それは真実を知る権利を持った者たちに対する義務にすぎない。しかしながら誰一人として、他者を害するような真実を知る権利を持ってはいない。（八六頁）

つまりコンスタンにしたがえば、私たちは他者を害することのない真実についてのみ、正直さの義務を有することになる。他者を害する真実の場合にはそうではない。したがって正直さの義務は、例外を有するのである。

なぜそのように言えるのか。コンスタンは、正直さの「義務は、共同体における別の者の権利に合致していなければならない」と述べている。正直さの義務の場合、合致すべき「別の者の権利」とは、彼らの「真実を知る権利」である。しかしこの権利は、他者から不当に危害を加えられない権利（いわゆる自由権）によって制限されうる。したがって私たちの言動は、たとえ正直なものであったとしても、他者に不当な危害を加えるのであれば、差し控えるべきなのである。相手が「真実を知る権利」を持たない場合には嘘をついても違法ではない、というコンスタンの主張は、以上のような権利論から導出されている。

このような考えをコンスタンは、「権利なきところに義務はない」という言葉でまとめている。この主張は現代人にとっても馴染み深いものであろう。例えばいま、私はキーボードを使ってこの文章を書いている。このキーボードの所有権は私にある。それはつまり、このキーボードを使用したり廃棄したりする自由を私だけがもっていることを意味している。したがってもしも誰かが（例えば研究室の学生が）このキーボードを使用したい場合には、私に許可をとらなければならない。裏を返せば、私が所有権を持っているということは、「私の許可なくキーボードを使用してはならない」という義務を私以外の全ての人が負っていることを意味しているのである。

この議論については後でもう一度検討するが、ここで所有権を例に出したのは分りやすさのためだけではない。カントはコンスタンが不当にも、真実を所有物のように扱っていると考えていたからである。論文前半の結論部分で「〔客観的な〕真実とは、ある人にその権利が認められ、別の人には認められないといった所有物ではけっしてない」（九二頁）と釘を刺したのはそのためである。同じように、カントは次のようにも述べていた。

というのも〔誰かの発言を通じて〕真実を知る権利が客観的に認められると言うのは、「たとえば所有権ですら、権利主張者の言い分が真実であるかどうかは当人の意思次第で決まる」と言うのと変わらないからである。これは奇妙な論理と言わざるをえないだろう。（八六頁）

「権利主張者の言い分が真実であるかどうかは当人の意思次第で決まる」というのは、私が「真実だ」と言えば真実、「虚偽だ」と言えば虚偽であると裁定者が判断するような事態を指している。ようするに第三者的な立場から事実の調査・吟味を行なわず、主張者の発言を鵜呑みにするような裁定方法のことである。当然のことながら、私たちは誰かの証言を裏付けなしに客観的な真実とみなすことはできない。私たちが誰かの発言から知りうるのは「相手が真だと考えている事柄」すなわち信念のみであって、客観的な真実ではないからである（もちろん、だからといって証言がすべて出鱈目だという話にはならないのだが）。

このように私たちが所有しているのは真実ではなく、信念にすぎない。そしてこの信念についてであれば、私たちは権利を持つ。

> まずは「真実を知る権利」というのが無意味な表現であることに注意しよう。むしろ次のように言うべきである。人間は自らの信念を言う権利、すなわち自らの人格における主観的な真実を言う権利を有する、と。（同前）

「真実を知る権利」と「自らの信念を言う権利」は、原文ではそれぞれ Recht auf Wahrheit/Wahrhaftigkeit（真実／信念への権利）である。したがって訳文には筆者の解釈が含まれているのだが、「自らの信念を知る権利」は奇妙であるため、やはりカントは「主観的な真実を言う権利」について言いたいのだろう判断せざるをえない(1)。それはさておき、私たちが「自らの信念を言う権利」を持っているというテーゼは、さしあたり二つの主張を含意している。第一に、権利をしてもしなくてもよい自由と捉えるならば、私たちが信念を言うことも差し控えることも自由である。これはすなわち、カントが普遍的に妥当する正直さの義務というものを認めていないことを意味している。第二に、「自らの信念を言う権利」は言論封殺の禁止という義務を他者に課す、すなわちそれは言論の自由を保障するものである。

さて、今述べたように私たちの手元にあるのは「主観的な真実を言う権利」であって、普遍的な正直さの義務ではない。しかしながら、第Ⅰ部で確認したように、私たちが何らかの発言をする場合には、正直さの義務に拘束される。「発言を拒否できない状況において信念を言うことは、すべての人に対する形式的義務である」（八七頁、傍点引用者）というカントの主張もそのように理解されるべきであろう。「いかなる言明においても信念に従う（誠実である）ことは、神聖で、無条件的に命令し、どのような事情があっても破られてはならないような、理性の戒律なのである」（八九頁。傍点引用者）という文言も、同じことを述べている。

私たちは通常、この「発言を拒否できない状況」の正当性を問題にする。こうした状況が正当である好例は、公的な説明が必要な場面である。政治家や大企業の幹部が記者会見を開くとき、あるいは国会や委員会の場で陳述するときには、彼らは自分の知りうる事実について、正直に語らなければならない。はぐらかしや発言拒否は不誠実であり、説明責任の観点から受け入れがたい（嘘は論外である）。とりわけ国会の証人喚問では、刑事訴追などの恐れがない場合には、正直に証言しなければ偽証罪などに問われる可能性がある。

一方で、拷問や脅迫による「発言を拒否できない状況」は不当であると一般に考えられている。そのような場面では、正直に発言する義務はない（それゆえ脅迫による自白は証拠能力を喪失する場合がある）。以上の常識的な見解は、まさにコンスタンが述べていたことである。

したがってカントが、たとえ「発言を拒否できない状況」が不当であったとしても正直に発言しなければならないと主張したのは、コンスタンのみならず私たちの目から見ても奇妙である。しかもカントは、「なるほど、不正なやり方で発言を強要するような人間に対し、真実を偽った言動を行なったとしても、私は当人に対して不正を働いたわけではないのかもしれない」（八七頁）ことを認めているのである。それでも、とカントは続ける。

そのような偽りは、（司法がどう判断するかは別として）やはり嘘と呼びうるものである。そのためそれは、義務一般の本質的な部分において、不正な言動なのである。（八七頁）

ここで注目すべきは、カントが嘘は義務に反するという（少なくともカントにとって）自明の命題を繰り返さずに、「義務一般の本質的な部分において、不正」であるとしている点である。実際、嘘の禁止が普遍的に妥当する道徳的義務であり、したがって例外を許さないと主張しただけでは、コンスタンに対する回答としては不十分であった。もう一度コンスタンの発言を確認すれば、「真実を言うことは義務であるという道徳的な原則は、無条件的なもの、絶対的なものとして受け取られてしまうならば、あらゆる社会を不可能にしてしまうだろう」(八五頁)というものであったからである。したがってカントは、嘘の禁止が無条件に妥当する義務であることのみならず、この義務が「あらゆる社会を不可能に」するのではないことを、論証しなければならなかったのである。

論証の鍵は、嘘は「義務一般の本質的な部分において、不正な言動」であるという先の主張である。節を改めて考察していこう。

3 義務と権利

コンスタンは「権利なきところに義務はない」と述べていた。それはつまり、権利の有無が義務の妥当範囲を決定する(したがって例外を決定する)という主張であった。カントはこれを逆転させる。カントによれば、権利は義務から導出されるのである。別の著作の中で、カントは次のように述べている。

> 道徳的な命法は義務を命じる命題であり、この命題から事後的に、他者を義務づける能力、すなわち権利の概念が発展しうるのである。(AA 5, 239)

権利と義務のこの関係はあくまで命題の導出関係であり、資格付与上のものではない。つまりカントは、義務を果たせば権利がもらえるなどといった話をしているわけではない。あくまでも権利は道徳的命令、端的にいえば法規範によって基礎づけられていることを述べているだけである。例えばこのキーボードの所有権は筆者にあるが、しかしそれは所有権に関する法律が私の権利を保障していることに基づいている。筆者はさらに、研究費で購入したディスプレイも使用しているが、これは勤務校の規則にしたがい、大学の所有物となっている。もしも私がディスプレイを勝手に処分したり、売り飛ばしたりしたならば、厳しく処分されるだろう。ディスプレイに対して私が持っているのは所有権ではなく、ただの使用権である。そうした権利は研究費使用のルールに則って、厳格に決められているのである。

ようするにカントが言いたかったのは、次のことである。①ある道徳的な義務が命じられる。その義務に則って、②ある者に権利が与えられる。それと同時に、③別の者には権利侵害してはならないという義務が与えられる。これら三点のうち、コンスタンは②・③のみを論じており、①を無視したために、嘘の禁止という①に当たる義務を権利によって制限できると考えてしまったのではないだろうか。

さて、この①–③が現実的な効力を発揮するためには、義務と権利が実定法となっていなければならない。そして、そのような立法が正当に行なわれうるためには国家が必要であり、国家設立のためには社会契約が必要である。少なくともカントはそう考えている。「嘘論文」後半でカントは「万人の意志を統一し、公法を作成すべしという要請」をしているが、この「万人の意思を統一」するのが社会契約である。(2) 嘘が「義務一般の本質的な部分において、不正な言動」であるのは、嘘がこの社会契約を無効にしてしまうからである。この点を、カントは何度も繰り返している。

すなわち私は、私に関するかぎり、発言（陳述）が信じられない状況を作ってしまったのである。したがってまた契約に基づくあらゆる法・権利を廃止し、その力を削いでしまったのである。これは人間性一般に対して与えられた不正である。（八七頁）

なぜならば、信念に従うことは義務であるからだ。それも、契約に基づくあらゆる義務の基礎であると考えられねばならないような、義務であるからだ。契約に基づくあらゆる義務の原則［である嘘の禁止］は、わずかな例外を認めてしまっただけでも、ぐらついて使いものにならなくなってしまう。（八九頁）

これらの引用に示されているように、嘘の禁止が義務でなくなれば、法治国家を成立させる社会契約も失効してしまう。ひいてはそれは、国家によって制定された法・権利をも失効させかねない。したがってカントに言わせれば、コンスタンの主張とは裏腹に、嘘の禁止こそが道徳的に健全な社会（端的に言えば人民主権に基づく法治国家）を可能にするのである。

第4章でも述べたように、カントのこの答えは大袈裟なものである。法治国家が嘘の禁止に「わずかな例外を認めてしまっただけでも、ぐらついて使いものにならなくなってしまう」というのは、説得力を持たないように思われる。なるほど、カントの議論をいわゆる滑りやすい坂論証として再構成する手もあるかもしれない。滑りやすい坂論証とは、小さな悪を行なうと、そこからエスカレートし（坂を滑っていき）、巨悪に手を染めてしまうという論証のことである。もっとも身近な例は、日本の小中高校における金髪やピアス、化粧の禁止であろう。それらが禁止される理由はいくつか考えられるが（たとえば子どもの貧困格差が学校教育現場に反映されないようにするため、など）、金髪やピアス、化粧といったものが非行の入り口だとされる場合には、滑りやすい坂論証を用いていると言える。

殺人者から友人を守るための嘘ですら、国家の基礎をぐらつかせてしまうというカントの主張を滑りやすい坂論証として再構成してみよう。次の二つのケースが考えられる。第一に、そのような嘘を許してしまうと別の嘘を容認せざるを得なくなり、嘘が蔓延し、人々は相互の信頼を失い、ついには社会契約が失効してしまう、というケースである。しかしこれは、ほとんど起こりそうもないことである。というのもコンスタンが提示した極限状態の事例における嘘が許容されたからといって、日常生活におけるすべての嘘が許されることになるとはとても思えないからである。

第二に、カントが「すなわち私は、私に関するかぎり、発言（陳述）が信じられない状況を作ってしまったのである」（八七頁、傍点引用者）と述べているように、私の信用だけが失われるケースである。この場合、嘘をついた私だけが社会契約から除外されることになる。いわば私は社会から追放される（法外に置かれる）わけである。現在では嘘をついただけで社会から追放されることはありえないため、これもナンセンスであるが、そもそも、私が追放されるだけでは社会は不可能にはならない。社会契約は、私を除いて存続し続けるからである。滑りやすい坂論証として考えるならば、さらに次のような状況を想定しなければならない。すなわち、一人、また一人と嘘をついた人間が社会から追放され、ついには誰もいなくなる、といった状況である。これがまったく現実的でないことについては、もはや説明不要だろう。

以上のように、一度でも嘘を許容すれば社会契約の基盤が毀損されてしまう、というカントの主張はそのまま受けとった場合でも、滑りやすい坂論証として考えたときにも、非現実的である。しかしこのような指摘が妥当するのは、カントの反論を殺人者による脅迫という個別事例に対する回答のみに限定した場合である。というのも、カントが本当に危惧していたのが論文タイトルに含まれる「人間愛から嘘をつく権利」であったとすれば、カントの議論を偏屈な哲学者の戯言と片づけることができなくなるからである。殺人者に脅迫された場合の（いわば特異な状況における一度きりの）嘘とは異なり、「人間愛から嘘をつく権利」のようなものを一度受け入れてしまうと、話題になっていた事例を超えて、様々な場面で嘘を容認してしまうことになるからである（これは滑りやすい坂論証ではない。というのもこの場合の嘘の蔓延は、権利を認めることに由来する直接的な結果だからである）。そして嘘の許容が社会や組織を腐敗させることについては、第3章で論じた通りである。

4　人間愛は美しいか

ところで「人間愛」とは何だろうか。「嘘論文」のカントは何も説明していないが、さしあたり人間の安楽や快（喜び）を最重要とみなす感情や考え方と言うことができる。「人の役に立ちたい」とか、「人を喜ばせるのが好きだ」といった感情が、人間愛の代表である。

殺人者に追われている友人を私が匿っていて、人間愛から嘘をついたとしよう。そのとき私は友人が特別な存在であるからではなく、無辜の人間を不快な目に遭わせないために、そうしたことになる。人間愛が動機ならば、私は見知らぬ他者に対しても同様のことを行なうはずである。これに対し、他ならぬ友人だから助けたのであって、見知らぬ他人であれば殺人者の手に委ねただろう、ということになれば、そのとき私は人間愛を動機とはしていない。友人という特定個人に対する愛情に基づいてそうしたにすぎないのである。

人間愛に基づく嘘は、一見すると美しい。しかしすべてが美しいわけではない。パワハラやセクハラをした上司を告発したいが、同僚に「上司にだって家族がいるんだぞ」と説得され、聞き取り調査で「ハラスメントはありません」と嘘をついたとしよう。その場合にも私は、人間愛に基づいて嘘をついたことになる。上司の家族という会ったこともない人々を思いやって、信念を偽ったからである。結果的に私は、人間愛から泣き寝入りを選んだわけであるが、これはけっして美談ではないし、美談にしてはならないだろう。

さて、私たちは第3章で次のことを確認した。「ある状況における嘘は許される」と言われるとき、①「嘘は普遍的に成立する道徳的な悪ではない」と主張される場合と、②「嘘は道徳的悪であるが、容認できる（許せる）ケースもある」とされる場合がある、と。「人間愛から嘘をつく権利」を認めることは、①の立場を主張することに当たる。「嘘をつく権利」によって嘘の禁止という義務を制限し、例外を設けることになるからである。このように権利によって嘘の禁止が制限された場合には、パワハラやセクハラの隠蔽ですら、非難することができなくなるかもしれない。それどころか、あらゆる嘘が「人間愛」を口実に認められてしまう可能性すらある。そうだとすれば「人間愛から嘘をつく権利」は、道徳的に健全な社会はおろか、法やルールに則って運営される「あらゆる社会を不可能にしてしまう」にちがいない。

これに対し、権利までは認めずとも、個別ケースで人間愛を優先させてしまう場合には、②に該当する。カントの厳格主義はこれすら認めないであろうが、しかしこの場合には、私たちに対する道徳の拘束力は残っている。したがって嘘の許容範囲はずっと狭くなるにちがいない。実際、私たちは殺人者から友人を救うための嘘については容認するかもしれないが、嘘の報告によるパワハラやセクハラの隠蔽については、むしろ非難するであろう。

したがって、もしも私たちが殺人者による脅迫という事例における嘘を②のように考えれば、そのような嘘が「あらゆる社会を不可能にしてしまう」とは考えづらい。再三繰り返しているように、それは大げさであり、現実的ではないからである。しかしカントはコンスタンの主張をより一般的なものとして、すなわち「人間愛から嘘をつく権利」に基づく嘘の容認論として理解したために、コンスタンの主張に対し、一切の譲歩を示さなかったのではないか。

「人間愛から嘘をつく権利」を念頭に置いた反論は、コンスタン批判としては的外れである。コンスタンは人を助けるためであれば（すなわち人間愛のためであれば）、嘘をついてもよいとは考えていないからである。あくまでも、相手が自分から不正に証言を引き出そうとしている場合であれば、嘘をついてもよいと主張しているにすぎない。たとえば私が裁判所で宣誓をした場合であれば、私の信念の表明によって誰かが死刑になる場合であっても、嘘は許されないとコンスタンも考えたにちがいない。

〈注〉

（1）別の可能性として「自らの信念を形成する権利」（傍点引用者）という訳文も考えられるが、信念は通常、形成されるものであって、形成するかしないかを自由に選択できるものではない。あるいは、情報がないと何が真実らしいのかを自分では決められないということであれば、「自らの信念〔を形成するために他者の信念を〕知る権利」という候補もあるかもしれないが、「自らの信念への権利」を他者の信念を知る権利と読むのはさすがに無理がある。筆者の至らなさのせいかもしれないが、「主観的な真実を言う権利」以外の読解可能性はないように思われる。

（2）カントの社会契約をめぐる議論について、詳しくは（網谷、二〇一八、第二章）を参照のこと。

第7章　コンスタンの原理概念

1　カントとコンスタンの立場の異同

嘘の禁止の厳格適用は「あらゆる社会を不可能にする」どころか、社会契約の基礎を保障することによって、むしろそれを可能にする。このような積極的な主張を打ち出すことで、カントはコンスタンの反論に答えようとした。

とはいえもちろん、コンスタンが「社会」という語を、カントが理解した社会契約に基づく社会（人民主権に基づく法治国家）という意味で使用しているのかといえば、疑問は残る。実際、コンスタンが「社会」と言うとき、必ずしも契約による（この契約が現実のものであれ、理念的なものであれ）人々の政治的結合体を想定していたわけではなかった。例えば次のように述べられている。

道徳の抽象的な諸原則は、もしもそれが媒介的な諸原理から分離されたならば、人々の社会的諸関係に無秩序をもたらすものとなる。それは、中間諸原則から切り離されたならば、政治の抽象的な原則が市民的諸関係に無秩序をもたらすのと同様である。(Constant, 1796: 73=182)

このように、コンスタンは、道徳に基づく「社会的諸関係」と、政治に基づく「市民的諸関係」とを対比させている。これはカントが道徳と政治を連続的に捉えているのとは対照的である。このような差異は、彼らの議論のすれ違いの原因の一つであるように思われる。しかしながら、カントはむしろコンスタンのような社会理解に反対していたと解釈することも可能であろう。コンスタンは「社会的諸関係」を道徳の次元で、「市民的諸関係」を政治の次元で捉え、前者を後者に従属させていた(「権利なきところには、義務はない」)。対して政治が道徳に従属しなければならないとするのが、カントの立場だったからである。

それだからカントの再批判は、コンスタンの議論の前提にも向けられていたことになる。実のところ、両者の問題意識そのものは、それほど異なってはいなかった。たとえば「政治的反動について」冒頭における次の発言は、カントが革命ではなく改革を推奨したという点を差し引けば、カントにとっても受け入れられるものであったであろう。

ある民族の国家諸制度が永続的であるためには、それら諸制度は当の民族がもっている諸理念と釣り合っていなければならない。〔…〕諸制度と諸理念の調和が崩壊していることが明らかになったとき、諸々の革命はもはや避けられないものとなる。諸革命はこの調和を回復させようと努める。なるほど、革命家は必ずしもこの回復を目標とするわけではないが、しかしそれでもそれは、諸革命そのものに内在的な傾向なのである。(ibid., 1f. =123)

具体的な論証は省略するが、ここで言われた「諸制度と諸理念の調和」という発想そのものは、カントも共有するところであろう。だからこそカントとコンスタンの対立は、まさに「諸理念」の内実と役割、諸制度との調和のあり方をめぐってなされたものと理解される必要がある。コンスタンによるカント批判が「諸原理について」と題された章で行なわれたことも、カントが最後に「政治の原則」について語りだしたことも、けっして偶然ではないのである。こうした点を明らかにするためにも、まずはコンスタンの原理概念について確認していこう。

2 「政治的反動について」の基本的性格

繰り返しになるが、コンスタンとカントの問題意識は見た目ほどかけ離れたものではなかった。というのもコンスタンはフランス革命がもたらした社会の混乱を収め、平和で安定した社会を構築するために、原理に基づく統治を一貫して主張していたからである。「政治的反動について」執筆の政治的意図について、堤林は次のように整理している。

まず、政治的コンテクストとの関連において指摘しうるのは、コンスタンが最も喫緊な政治的課題として、一七八九年の諸原理（人権宣言に謳われている基本理念）と一七九五年憲法、そしてその所産であるディレクトワール（総裁政府）の擁護・維持を掲げていたという点であろう。そこから彼は、政局の両端に位置していた二者に対し論陣を張ることとなる。対峙を迫られたその一方は、近代社会に適合しない原理（古代民主制への憧憬を基調とするもの）に教条主義的に固執し、恐怖政治すら正当化しようとするネオ・ジャコバン派（極左勢力）であり、また他方は、一七八九年の諸原理と恐怖政治とを表裏一体のものとしてとらえ、それによって前者〔すなわち諸原理〕までも否定しつつ共和制の転覆と王政の復活とを求めていた王党派・反革命勢力である。(1)

このように当時、諸原理の厳格適用を望む勢力と、それらを全否定しようとする勢力という二つの極端な立場が存在したわけである。コンスタンは双方を退けるために論陣を張った。それが「政治的反動について」である。同テクストは諸原理を否定せず、しかし柔軟に適用することで現実的な統治を目指すための政治的提言の書であった。

さてコンスタンによれば、革命期の政治的反動には人間（恣意的に権力を行使する執政者）に対する反動と、理念に対する反動がある（Constant, 1796: 3=124）。しかしどちらも革命以前の「合法的な刑罰」や「神聖な理念」を求める反動ではない（ibid.）。フランス革命期およびそれ以後に現れた反動とは、①法律の代わりに恣意を、②理性の代わりに情熱を、③人間を法廷で裁く代わりに法外に置くことを、④最後に、諸理念を吟味する代わりにそれらを投げ捨てることを、それぞれ選びとるような動きであった（ibid., 3f. =124f.）。こうした反動を抑えるために、コンスタンは司法権の強化や著述家・ジャーナリストへの期待を語るが、とくに重視したのが諸原理への信頼回復であった。諸原理をめぐる当時の議論状況について、コンスタンは次のように述べている。

「諸原理」という語はあまりにもしばしば、あまりにもひどい仕方で誤用されているため、諸原理にたいする尊敬と従順を要求する者は誰でも、通常、抽象的な夢想家か、空想に基づいて立論する者であるとみなされている。諸原理は、あらゆる党派によってひとしなみに憎悪されているのである。ある党派によれば、諸原理のうちに過去の苦しみの原因があったとされ、また別の党派によれば、現在の様々な困難の増大〔の原因〕があるという。もはや存在しなくなったものを再興できない諸党派〔＝王党派・反革命勢力〕は、それらの失墜を諸原理のせいにする。いま存在するものを正当に進行させることができない別の諸党派〔＝ネオ・ジャコバン派〕は、諸原理の無力さを嘆いている。（ibid., 64=116）

コンスタンが念頭においている諸原理とは、主に自由や平等といったフランス革命を牽引してきた原理であるが、それら諸原理と現実政治の乖離、そしてそれによる諸原理そのものへの非難の声がここで指摘されている。これに対し、「諸原理をふたたび信用に値するものとすることは、必要な、また同時に満足のいく企てであろう」（ibid.）とコンスタンは述べている。というのもそれは、諸原理を厳格適用しようとしたり捨て去ろうとしたりすることは得策ではない。それは、恣意や情熱に、そしてなによりも極端な政治勢力に身を任せることだからである。

3　コンスタンの原理理解

だが、原理とはそもそも何を意味するものなのか。コンスタンは原理を次のように定義している。「原理とは、いくつかの特殊な事例から抽出された普遍妥当的な結果のことである」（ibid., 66=117）。つまりコンスタンの考える原理とは経験的なものであり、しかも「いくつかの特殊な事例」の帰結を一般化したものである。それゆえ「これらの事例全体が何らかの変更を被ると、そこから生じた原則もまた、変更を余儀なくされる」(ibid., 66=117 f.)。それゆえ、「原理は、原理がそこから生み出される諸結合を考慮してのみ、普遍妥当する。したがって原理とは、たんに相対的な意味で普遍的に適用可能であるにすぎず、絶対的な仕方でそうであるわけではない」(ibid., 66=118)。

つまり原理とは、経験的な事例から帰納され一般化された命題のことである。したがって原理は、それが導出された元の事例(正確には類似事例の集合)のみに妥当する。したがって、コンスタンによれば、①その原理が適用されるべき個別事例の経験的な結果から翻って、原理は変更・更新可能であり、②原理はあらゆる事例に厳格適用できず、例外を有するのである。

現代の私たちにとって、この定義はそれほど奇異なものではないように思われる。たとえば「水は一〇〇度で沸騰する」という原理は、水が一気圧の状態においてのみ妥当する。富士山頂ではもっと低温で沸騰することになるが、それによって原理が誤っていることにはならない。ただ、原理の適用範囲外であるというだけである(つまり②に該当する)。ただし、仮に一気圧下であるにもかかわらず世界中の水が一斉に八〇度で沸騰するようになったとすれば、その場合には①の通り。原理を修正する必要がある。

しかしこのような原理の捉え方が正しいのは、事実に関する原理(自然科学的原理)を念頭に置いている場合にかぎられる。規範に関する原理（道徳的原理）の場合には、かならずしもそうとは言えない。というのも規範は事実によって変更されるべきではないからである。たとえば人権を軽視するような文化圏があったとしても、それを理由に当該社会を安易に人権という原理の適用範囲外に置くべきではない。ましてや、だから人権という原理を変更すべきだということにはならない。むしろ、人権が蹂躙されているという現実があるからこそ、人権の適用が急がれるべきなのである。この場合に変えるべきは事実であって、規範ではない。

このように考えると、コンスタンは事実に関する原理と規範に関する原理を混同しているようにも見える。これは、現実政治状況を反動という力学的概念で捉えようとしたことに由来する理論的欠陥であったかもしれない。

実際、コンスタンは人類の歴史的進歩に伴って普遍的な原理が発見されるという立場にも立っているため、原理は経験によって可変的であるという彼のテーゼは、彼自身の思想にも反している。(2) なにより論敵の一方の極、すなわち諸原理を全否定しようとする勢力に対抗するためには、コンスタンは人権宣言で表明された諸原理は人類普遍の原理であって、経験によって変更すべきではないと言う必要があったはずである。したがって理論上は認めるべき先の①を実際にコンスタンが認めたのかといえば、そうではない。そして原理と現実の相克を解決するために展開されたのが、次に論じる中間原則論である。

4　中間原則について

原理の適用結果を吟味し、適用範囲を見定めることによって、原理は現実に有用なものとなる。これが「諸原理をふたたび信用に値するものとする」ための最初の一歩であったことは間違いない。とはいえ、原理が抽象的になればなるほど、「原理が適用されるべき個別事例とその結果との結合」が見えにくくなるのも事実である。そこでコンスタンが主張したのが「中間原則」、すなわちある原理と現実の間を埋める媒介の必要性に他ならない。抽象的な原理はいくつもの具体的な中間原則によって媒介され、現実と間接的に結合されなければならない。コンスタンは言う。

普遍妥当的な諸原理は存在する。なぜならば、あらゆる諸結合にとって一様に存在する根本的諸前提というものがあるからである。しかしこのことは、この根本原理に各々の個別的結合から生じた別の諸原理を付け加えてはならないことを意味するわけではない。もしもひとが、普遍的な諸原理はその都度の〔具体的〕状況には適用できないと言うのであれば、そのひとはただ、彼が関わっている特定の結合に求められている中間原則をまだ発見していない、と述べているに過ぎない。（ibid., 66f.=118）

そして、次のようも述べている。

真であると認識された原理はそれゆえ、この原理に内在する危険がいかに大きなものであったとしても、決して放棄されてはならない。そうした原理は、その欠点を補完し、原理にかなった仕方で適用されうるための中間項が発見されるまで、〔再〕記述され、〔再〕定義され、あらゆる隣接する諸原理と結合されねばならない。(ibid., 77=125)

原理を投げ捨てようとする人々は、原理が正しく適用される道筋を知らない。それはすなわち「中間原則をまだ発見していない」ということである。そして中間原則を発見できないのは、原理の定義や記述に不備があるからである。言い換えれば、原理それ自体の理解が不十分だからである。

中間原則は、普遍的原理と個別事例の間のいわば緩衝材のような役割を果たす。中間原則を用いれば、原理が現実から乖離しているからといって、原理を変更する必要はない。私たちは先に、普遍的原理が経験によって簡単に変更される点を、規範理論上の難点とみなした。しかし中間原則論を採用すれば、普遍的原理の硬性を保障することができるのである。

コンスタンの議論はひじょうに現実的であり、また説得的であるように思われる。カントもまた、人民主権における代議制を正しい中間原則とみなしており（九三頁）、コンスタンの議論が完全に誤りだとは考えていなかった。問題は次の点にあるとカントは考えていた。

このように述べたにもかかわらず、この善良な男〔コンスタンのこと〕は、信念を言う義務という無条件の原則を、それが社会にもたらす害悪を理由に、自ら放棄してしまうのである。というのも、コンスタン氏はそうした害悪の防止に役立つ中間原則を、発見することができなかったからである。実際、ここにはいかなる中間原則を差しはさむ余地はない。（九〇‐九一頁）

つまりカントによれば問題は、コンスタンが避けられない発言において——とここでは補足して読むべきだろう——「信念を言う義務」を現実化するための中間原則を発見できず、それゆえこの義務を放棄してしまった点にあった。

この説明はカントの誤解である。カント自身が引用していたコンスタンのカント批判を思い出そう。それは「真実を言うことは義務であるという道徳的な原則は、無条件的なもの、絶対的なものとして受け取られてしまうならば、あらゆる社会を不可能にしてしまうだろう」というものであった。この引用文中の「無条件的なもの、絶対的なものとして」とは、中間原則なしにという意味なのである。逆に言えば嘘の禁止は、中間原則さえあれば現実に適用可能なものである、とコンスタンは考えていた。そしてここでの中間原則とは、嘘の禁止という義務は「真実を知る権利」を持った者に対してのみ拘束力をもつ、といった原則に他ならなかった。

したがってカントの指摘とは異なり、コンスタンは中間原則を発見できなかったわけでもなければ、嘘の禁止を放棄したわけではない。実際にカントが言うべきだったのは、おそらく次のことであった。コンスタンの間違いは、普遍的かつ直接的に現実に適用されなければならない嘘の禁止を、中間原則によって制限しようとした点にある、と（もちろんカントに言わせれば、それはすなわち嘘の禁止という原則を放棄したに等しいということなのかもしれないが……）。いずれにせよコンスタンは中間原則を発見したと信じていたし、それを用いれば「信念を言う義務という無条件の原則」を放棄せずに済むと考えていた点については、彼の名誉のためにも強調しておきたい。

〈注〉

（1）堤林、二〇〇二、六頁。

（2）（堤林、二〇〇二、一八頁）を参照のこと。

第8章　道徳的な政治とは何か

1　政治の原則

それでは、前章で確認したコンスタンの議論を踏まえ、いよいよ「政治の原則」論に入っていこう。興味深いことに、どうやらカントはコンスタンの中間原則論を気に入ったようである。嘘の禁止は中間原則を必要としない直接的な義務だとカントは主張していたが、法規範一般を現実化するためには、中間原則が必要であると考えたからである。

コンスタン氏はこのように厳格で、一見すると実行不可能な理念に思われ、したがって忌まわしくもあるような原則に対し、次のように解説している。その内容はよく考えられたものであり、正しくもある。真実と証明された原則であったとしても、それが使いものにならないときがある。そのような事態に陥ってしまう理由はつねに（とコンスタン氏は一

二三頁以下で述べている）、原則の使用手段を示す中間原則を、私たちが知らないことにある。（八九頁）

ここからカントは、「政治の原則」を提示する。少し長いので改行しながら引用しよう。

さて、法・権利の形而上学（これはあらゆる経験的な条件を度外視したものである）から、政治の原則（これは法・権利の形而上学のさまざまな概念を経験事例に応用したものである）へと進み、そこから普遍的な法・権利の原理に適った政治課題の解決へと至るために、哲学者〔である私〕は、次の三つを提言したい。

（1）法律の定義は、「普遍的な原理にしたがって各人の自由を万人の自由と合致させる」というものであるが、この定義から直接導出される公理（すなわち論理的に反論の余地のない命題）を提示する。

（2）平等という原理なしには万人の自由はありえないため、この原理にしたがって万人の意志を統一し、公法を作成すべしという要請を行なう。

（3）これほどまでに大きな社会において、それでも（代表制を通じて）自由と平等という原理にしたがった融和が実現するためにはどうすればよいのか、という問題を提起する。

以上が、今後の政治の原則となるであろう。そして、その実行と命令には、司法行政の機械的運用のみを意図した法令が含まれているであろう。この法令は人間の経験的知識から導き出され、なんとかして司法行政を目的合理的なものにしようと発せられるのである。

（九二 - 九三頁）

ここで最初に示されているのは、①「政治的課題」の解決は「法・権利の原則に則っ」て行なわれるべきであり、それゆえ②政治とは「法・権利の形而上学」を「経験的事例へと適用する」営みでなければならないということである。しかしながら「法・権利の形而上学」は「あらゆる経験的な条件を度外視したもの」であるため、それを現実へと直接適用することはできない。

そこで引用文にある（1）から（3）が重要となる。

まず、（1）が「法・権利の形而上学」に該当することについては明らかである。「法・権利の形而上学」あるいは法規範の哲学的考察を行なうことが哲学者の最初の（そして本来の）仕事である。

次に（2）では、平等性の原理にしたがう「万人の意志」の統一、すなわち社会契約と、公法の施行が要請されている。すでに何度も述べてきたように、これは人民主権に基づく法治国家設立の要請に他ならない。契約による国家設立は国民全員の仕事となるため、哲学者にできることはあくまでも「要請」に留まる。

最後に(3)では、以上二点を踏まえ、選挙を通じて代表者に選ばれた政治家が、「自由と平等という原理にしたがった融和」を実現すべきことが主張されている。哲学者はこれを「問題」として提出する。そしてそれを解決するのは政治家であり、政治家はそのために、「司法行政を目的合理的なものに」しなければならない。言い換えれば、法規範の理念を実現するような行政機構を整備し、適切な政策を講じなければならない。

かくして(1)から(3)で示された「政治の原則」は、「法権利の形而上学」を現実へと適用するための中間原則となる。この中間原則によって、哲学者から政治家へと原理の適用という課題が引き継がれていくのである。

以上のような「政治の原則」論はコンスタンの中間原則論をカントなりに応用したものであった。それは道徳原理の普遍性・変更不可能性と政治の特殊性・柔軟性を両立させるひとつのやり方を示したものと理解できる。そして「法・権利は決して政治に屈してはならない。むしろ政治が、つねに法・権利に合致していなければならないのである」という文言は、道徳原理(普遍的義務)が政治からのフィードバックによって変更されることなしに、政治を通じて実現されねばならないことを意味している。

2 道徳的政治家と政治的道徳家

以上みてきたカントの「政治の原則」論は、なるほどコンスタンとの論争において整理されたものであるが、突然案出されたものではない。実は、すでに『理論と実践』（一七九三）の第二論文や、『永遠平和論』（一七九五、増補版一七九六）の中で、同様の論理は示されていたのである。以下では後者のテクストを読解することで、本節で扱った「政治の原則」の理論的背景を確認し、前節の議論がより一般的なカント政治哲学の文脈でどのような位置を占めるのかを見定めることにしたい。

「嘘論文」の二年前、『永遠平和論』増補版でカントは「永遠平和のための秘密条項」と題された「第二追加条項」を加筆し、政治家は非公式に哲学者の意見を取り入れよ、という提言を行なっている。なぜ非公式なのかといえば、哲学者に公的な政治的地位を与え、権力機構に組み込むと、哲学者は自由な思考ができなくなってしまうからである。「権力をもつと、理性の自由な判断は避けがたく台無しになってしまう」（AA 8, 369）のだ。

したがってカントは、プラトンの哲人王を否定している。哲学者を政治的な役職に登用する必要はまったくなく、ただ「自由に、公的に語らせる」（AA 8, 369）ことだけで充分である、とカントは考えているのである。政治家は語られた内容を読み（聞き）、参考にすべきなのだ、と。

哲学者の見解は実行されるべき政策に関する公的な命令ではなく、あくまでも政治家に対する「助言」にすぎない。したがって、「国家は法律家〔国家権力の代行者〔官僚のこと〕〕の言葉よりも、哲学者の諸原則を優先させなければならないと言いたいわけではない。ただ、哲学者の言葉に耳を傾けなければならない、ということが言いたいのである」(AA 8, 369)。

哲学者の意見があくまでも「助言」にとどまるということは、かならずしもそれにしたがう必要がないことを意味している。というのも、哲学的原理を経験に適用するといっても、政治家はその際、経験的諸条件や時機を無視するわけにはいかないからである。政治家にとって重要なことは、盲目的に原理を適用し、失敗し、すべてを台無しにしてしまうことではない。むしろ経験的諸条件を整え、時宜を計り、政策を実現することである。このことは、「常備軍は時をもって全廃されなければならない」(AA 8, 345) と謳った第三確定条項にも示されている。この「時をもって」の意味を、カントは次のように説明している。

〔常備軍の廃止のような条項は〕なるほど法規則の例外としてではないが、その実行の観点から、状況に応じて主観的に実行を加減したり、目的を失うことがなければ、実現を遅延させることも許されている。(AA 8, 347)

以上のように哲学者が法規範の理念を実現せよという「問題」を与え、政治家が具体的・個別的な諸政策によってそれを解決させるという図式は、『永遠平和論』の中ですでに示されていたことが分かる。

どの義務の実行がどの程度加減されたり遅延されたりするのかについては、何か原理的に決められるようなものではない。それはケースバイケースであり、政治家の決断に依存しているからである。

しかしながら、哲学者と政治家、あるいは道徳と政治は折り合いが悪く、対立があるように思われる。それを考察したのが『永遠平和論』の「付録一」である。

一般に道徳と政治の対立には、二つのパターンが想定される。一つ目は、政治が道徳に反して、あるいは道徳を無視して行なわれるような場合である。たとえば、日本においてジェンダー平等は喫緊の課題である。もしもジェンダー平等が道徳的に重要な課題であるならば、政治家は速やかに実現すべく政治を行なっていかなければならない。しかしながら、この課題の解決は遅々として進んでいない。二〇二三年のジェンダーギャップ指数は世界一四六カ国中一二五位（!）であった[1]。

このような場合には、実際には政治と道徳が対立しているのではない。ただ、政治家によって道徳規範が無視ないし軽視されているだけである。カントは「できないことには拘束されない」という格言を引用しつつ、道徳と政治の間には本来対立が存在しないことを主張している。何かを道徳的義務と認めたならば、同時にそれが実行可能であることも認めたことになる。政治家は、少なくとも口先では道徳的義務に価値を認めるだろう（実際、内閣府は男女平等参画局を設置している）。しかし義務を果たそうとしないのであれば、それは怠慢であるか、自己利益を優先させて義務を蔑ろにしているかのいずれかであろう。「道徳の義務概念に権威を認めた後で、それでもなお、それを行なうことはできないと言おうとするのであれば、それはまったく辻褄の合わないこと」（AA 8, 370）なのである。

第二のパターンは、道徳に権威を認めず、道徳と政治を天秤にかけるような場合である。カントは言う。

〔道徳と政治の対立があるとすれば、そのとき〕道徳とは、ある普遍的な怜悧の学であると理解されねばならないだろう。怜悧の学とは、利益を算定して得られた意図のためにふさわしい手段を選ぶための格率〔＝主観的規則〕の理論であるが、もしも道徳をこのような怜悧の学として理解したならば、そもそも道徳の存在を否定しているに等しいのである。（AA 8, 370）

この引用にはカントの思考が圧縮されており、ひじょうに分かりにくい。少し丁寧に解説しよう。

まず、怜悧の学とは、この引用でも説明されているように、ある目的（利益）を実現するためにもっともふさわしいであろう手段を命じるものである。

そして道徳を怜悧の学とみなすとは、道徳的な善悪を、行為の結果生じる利益によって判断するような態度である。政治的思惑の実現もまた、行為の結果生じる利益を勘案している。したがって政治家は、道徳的な政策から得られる利益と、政治的思惑から得られる利益を天秤にかけるのである。

このように道徳を怜悧の学とみなすならば、「そもそも道徳の存在を否定しているに等しい」。というのも道徳が普遍的義務の命令であるならば、たとえ不利益をもたらすとしても、実行しなければならないからである（ただし、すでに述べたように、時機を見定めることは許されている）。

したがって規範理論の観点から言えば、道徳と政治に対立はない。しかし現実には、道徳と政治を対立させようとする人々がいる。そのような人々は道徳を厄介者にし、私利私欲のために――他国を蔑ろにした国益もまた、私利に含まれる――政治を行なおうとするにちがいない。

こうした事情に鑑みて、カントは政治的道徳家と道徳的政治家というふたつの概念を導出する。

> 道徳を政治の制約的条件にまで高めるために、実践的な知恵〔すなわち道徳〕を政治と結びつけることが何としても必要であるとするならば、道徳と政治の両立が認められねばならない。〔そのために〕私は、国家の怜悧の諸原理を道徳と両立しうるものと理解するような道徳的政治家を考えることはできるが、政治家の利益になるように道徳をねじまげる道徳的政治家を考えることはできない。（AA 8, 372）

「道徳的政治家」とは、道徳と両立するように政治を行なう者のことである。これに対し「政治的道徳家」は、政治のために道徳を利用する者であり、道徳をたんなる手段、ひとつの統治の技術として採用する者である（AA 8, 377）。後者のもとでは道徳と政治は対立せざるをえないし、対立が解消されたとしても、道徳は「ねじまげ」られ、政治のためのひとつの口実にすぎなくなる。道徳を政争の具に使おうとする詭弁家は、みんな「政治的道徳家」にすぎないのである。

3 老カントの政治思想、ここに極まれり

第4章で確認したように、「嘘論文」は老齢のカントが大急ぎで書いたものであった。そのためであろうか、カントはコンスタンの言い分を誤解し、やや的外れな方向で反論を行なっていた。しかしながら、「政治の原則」論は『永遠平和論』その他隣接する著書・論文同様、すぐれた規範理論的洞察に基づいており、それ自体は評価に値するものである。また、コンスタンの中間原則論を逆手にとって自説を展開するやり方は、いまだ衰え知らずといった達人的な思索の一端を示すものでもある。

本書の分析で示されたように、「嘘論文」でカントは、コンスタンの「政治的反動について」と対決しながら、嘘の禁止と「政治の原則」について、自説を展開した。

カントの議論の特徴は、第一に、嘘の禁止の中に「嘘をついてはならない」という個別の義務以上のもの、すなわち法・権利を支える社会契約の基礎づけを見出したことにある。つまり、「嘘論文」でカントが擁護したのは、道徳的義務に関する厳格主義という純粋に倫理学的な立場以上に、道徳的に健全な社会の基盤としての嘘の禁止だったのである。

そしてそうである以上、嘘の禁止は「政治の原則」において第一に守られねばならない道徳的原理となるだろう。もう一度『永遠平和論』から引用しよう。

政治は言う、「ヘビのように狡猾であれ」。道徳は（〔政治を〕制限する条件として）付け加える、「そしてハトのように偽りなく」。（AA 8, 370）

このように、何かを発言する際に正直であることは、永遠平和（本書の表現を敷衍すれば、道徳的で健全な国際社会秩序）を実現するための重要な条件である。そしてこの条件を現実化するために、カントは哲学者が自由に語ることの意義を強調したのであった。これは「嘘論文」の「信念を言う権利」にも通ずるものである。

カントのコンスタン批判は、原理の現実的有効性を確保しようとするあまり、現実におもねり、現実を後追いし、原理をころころと変更したり制限したりするような事態に対する反論としても理解することができる。哲学者と政治家の関係を示した「政治の原則」論は、政治家が解決すべき「問題を与える」ことを哲学者に使命として課していた。ここに現れているのは、政治に対する道徳の優位というカントの基本姿勢に内在する、原理と現実、哲学者と政治家の間の緊張関係である。この緊張関係は、哲学・倫理学の（より一般化して言えば人文社会科学の）社会的役割に対する反省が進む現代においても一考に値するだろう。

たしかに、現実への応用や適用を考えなければ、哲学・倫理学は空理空論に終わってしまう。

しかしそれらが現実に迎合すれば、そのとき哲学・倫理学が持つ批判的な機能は失われてしまう。政治に対する道徳の優位とは、哲学者のナイーヴな願望などではなく、哲学・倫理学の社会的な存在理由そのものなのである。この点で「嘘論文」という短いテクストは、現代の我々に対しても、非常に大きな課題を投げかけているのである。

〈注〉

（1）このデータは内閣府の男女共同参画局のＨＰでも確認できる。https://www.gender.go.jp/international/int_syogaikoku/int_shihyo/index.html（二〇二四年一月三一日取得。）

おわりに

ある殺人者がいて、私たちの友人を追っている。そして私たちに、彼をかくまっていないかと尋ねたとしよう。あなたは正直に答えるべきなのだろうか——。これがコンスタンの問題設定であった。カントはこれを、沈黙やはぐらかしではやりすごせず、イエスかノーで答えるしかない状況という、さらに厳しい条件を付してより厳密な思考実験へと高めていった。彼の回答については、本書で論じてきたとおりである。

これについて、筆者であればどうするのか。最後にこの点をはっきりさせよう。筆者は、「ここにはいない」と嘘をつくだろう。嘘は道徳的悪であるが、それでも私は悪に手を染めてでも、友人を助けようと嘘をつくのだ。この場合、私にとっては友人の生命の方が道徳よりも大切だからである。

次に、友人が犯罪に手を染め、捕まったらおそらく死刑になることが分かっている状態で、警察が来たとしよう。今度は、私は正直に答え、当人を警察に突き出すだろう。ただし、そのような場合でも、私は「嘘をついてはならないから」正直に答えるわけではないだろう。友人は罪を償うべきであり、それが当人のためになると考えるからである。

カントにしたがえば、どちらの判断も道徳的価値を持たない。最初の答えは道徳に反しているし、第二の答えは、正直に言うという行為そのものは義務に適っているが、義務を動機としていないからである（カントは行為者が「それが義務だから、そうする」と判断して行為する場合のみ、道徳的行為とみなした）。つまり筆者は、どちらのシーンでも道徳的に振る舞ったことにはならない。これに対して、「いや、カントの道徳観がおかしいのだ」と文句を言うこともできるかもしれないが、いまはさておこう。

本文中でも述べたが、私たちは最高の規範のことを道徳と呼ぶのだから、「道徳以上に大切なものがある」と言うのは論理的な矛盾である。それでも、事あるごとに「道徳よりも他に大切なことがある」と考えてしまうのが、人間の性である。カントが「根源悪」と呼んだ、私たちに備わる性向である。友人を殺人者から救うにせよ、警察に突き出すにせよ、友人のためを思っての行為であれば、それは「根源悪」に該当する。しかしそうした「根源悪」ですら、「人間味があっていい」と肯定的に評価されることがある。人間らしさへの愛、これこそが真の人間愛であると筆者は考える。コンスタンは人間愛を根拠として議論を展開したわけではないが、しかし私たちがカントよりもコンスタンを支持したくなるのは、おそらくは人間愛のせいである。友人を匿い、嘘をついてでも助けるような人物には、人間としての美しさがあるからである。

筆者は、人間の残酷さには悪感情しか抱かないものの、情けなさや愚かさには、どこか惹かれてしまうと自覚している。人間のどうしようもなさやだらしなさに寄り添ってしまう点に、どうやら筆者なりの人間愛があるようだ。「出来の悪い子どもほど可愛い」という言葉があるように、これはたんに筆者だけの個人的な性向ではなさそうである。

だが、人間愛によって何でも許されるということになれば、社会はよい方向には進まないであろうことも、頭では分かっている。そうやって甘やかしていると人間はつけあがり、横柄になり、社会や組織は腐敗していく。それでも、厳しすぎる社会、厳しすぎる人間関係が息苦しいものであるのもまた事実なのである。本書を書き上げた今でも、「カントの言いたいことはひじょうによく分かる。しかし……」という気分は抜けない。おそらくは読者諸氏も同じ気持ちではなかろうか。

それにしても、ここ数年に限ってみても、世の中ではあまりにも多くの不祥事や不正義が横行している。タガが外れたように、政党・政治家や有名人、大企業の嘘が暴かれ始めている。

それらについて一々批評する労は取らないが、多くの人が次の点に気づきつつあるのではないだろうか。どうやらほとんどの組織や体制は、自らを維持するためには嘘をつかなければならないらしい、と。そしてそれは、本書でも述べたように、この社会が腐敗し、崩壊しつつあることの一つの証左なのだろう。東京オリンピック汚職事件にせよ、ビッグモーター事件にせよ、自民党の裏金問題にせよ、同じことが言えるだろう。嘘偽りが蔓延するのは、関わっている個人の資質もさることながら、構造的な要因が大きい。本書ではこの構造的な悪については論じる余裕がなかったが、昨今の隠蔽やスキャンダルの多さは「構造的に仕方がなかった」で片づけられる問題ではない。

しかし、大企業や政治家の嘘がバレたとしても、不誠実な態度で責任逃れをし、ほとんどの人や組織が実質的なおとがめなしで終わるのは、どういうことなのだろう。一般庶民に対してはコンプライアンス強化が謳われ、違反した場合には厳しい処分が待っているにもかかわらず、なぜ彼らは形だけの謝罪で済ませ、同じ地位にとどまり続けるのか。このような格差には愕然とせざるを得ない。本書でも示した通り、嘘の許容（寛容）も重要なテーマである。現代日本はあまりにも寛容の失われた社会になりつつあるが、その反面、権力者（ないし「上級国民」）にはひじょうに寛容な社会であるようにも思われる。まさに道徳が支配の道具になっているかのようである。これはカントの「嘘論文」や『永遠平和論』の主張であったが、権力を有する者、影響力のある者こそ、絶対に道徳を守るべきなのである。そのような人々の道徳違反が社会に与える悪影響は、計り知れないものがあるからである。

このように書いてはきたものの、筆者自身は日本社会に絶望しているわけではない。いわゆるジャニーズ事件以降、性犯罪被害者、抑圧されてきた人々が次々と声を上げ始めている。社会的圧力に屈せずに正直さの義務を果たそうとする人々の存在は、社会の自浄作用としてきわめて重要である。少しでもそのような人がいる限り、希望を失う必要はない。

カントが「政治の原則」論で述べたことがもしも絵空事に見えるならば、それはカントのせいではないだろう。たんに現実が悲惨であるだけである。「政治の原則」論が空想に思われれば思われるほど、それはいっそう重要な議論となるのである。カントの「嘘論文」は社会的分断が進み、相互不信が高まっている現代において、ますます読まれるべき著作であると信じている。この意見に読者が少しでも首肯してくれるならば、研究者冥利に尽きる。

本書は現代社会に目を向けつつも、嘘とは無関係の問題を切り離しながら禁欲的に作られた。そのため、まだまだ言いたいことは山ほどあるが、そろそろ切り上げたい。

本書の企画は一年以上前に始まった。お話をいただいてすぐに「嘘論文」の下訳に取り掛かったのだが、他の仕事が立て込んでおり、結局本論を書き始めるのは今年に入ってからになってしまった。その間に筆者は、専門的なカント研究だけでなく、ＳＮＳと陰謀論について考える機会を持った（これについてはある学会シンポジウムで報告した）。そのとき調べ、考えた事柄が第Ⅰ部には反映されている。さしあたり本書では「本音であれば何でも言ってよいわけではない」という当たり前の点を確認するにとどめたが、どうやって嘘を嘘と確定するのかなど、論じ切れなかった問題も残っている。機会があればまた考えてみたいところではある。

本書第Ⅲ部は二〇一八年の拙論文をリライトしたものである。その論文はもともと、二〇一二年八月に小樽商科大学で行なわれた政治哲学研究会での口頭発表原稿を改稿したものであった。干支が一周する年月を経て、三度目の正直となるわけである。この間もっとも大きく変わったのは、大学院生にありがちな（？）カント無謬論を克服したことであろう。若い頃はコンスタンに対するカントの応答はズレており、また大仰であった点を指摘できず、なんとか筋の通った議論として解釈できないかと悪戦苦闘していたのを思い出す。こうした問題点を指摘しつつ、見るべきところはきちんと見るというテクスト読解ができるようになったのは、大きな前進であったように思う。

最後になりましたが、企画をご提案いただいた白澤社の坂本信弘氏には感謝申し上げます。ふだんから多くの知的刺激を与えてくれるカント研究会・日本カント協会のみなさまにも、同様に感謝します。翻訳・コメンタールというCh・ガルヴェと同じような仕事を自分がするとは夢にも思いませんでしたが、今後もご指導ご鞭撻のほどよろしくお願いいたします。

なにより、ほぼ一カ月原稿に掛かり切りになってしまい、ろくな会話もできなくなってしまった筆者を支えてくれた配偶者には、頭が上がりません。いつも本当にありがとう。

本書を執筆中の一月半ば、義理の祖母が大往生されました。哲学なんてよく分からないことをしている筆者を温かく迎え入れてくれたことを、いまでも感謝しています。本書を彼女の魂に捧げさせていただきます。

二〇二四年一月三一日　カント生誕三〇〇周年に、寒風吹きすさぶ前橋の研究室にて

小谷英生

参考文献一覧

カントからの引用はアカデミー版（*Akademieausgabe von Immanuel Kants Gesammelten Werken*; AAと略記）から行ない、巻数とページ数を記した。ただし「嘘論文」については本書第5章から引用し、頁数のみを記した。

コンスタンからの引用は以下のものに拠った。Constant, Benjamin, *Des réactions politiques*, 1796〔出版社不明〕／id., *Von den politischen Gegenwaltungen*. Achtes Captel. Von den Grundsätzen. In: *Frankreich im Jahr 1797. Aus den Briefen Deutscher Männer in Paris. MIt Belegung*, Sechstes Stück, Altena, 1797, 116-127. 引用にあたっては原典とドイツ語訳の頁を併記した。

以下、日本語訳のあるものについては、原典は示さず、日本語訳書のみを掲載した。


アーレント、ハンナ（著）、コーン、ジェローム（編）、『責任と判断』、中山元訳、ちくま学芸文庫、二〇一六。

阿部修士、『あなたはこうしてウソをつく』、岩波書店、二〇二一。

網谷壮介、『カントの政治哲学入門　政治における理念とは何か』、白澤社、二〇一八。

アンスコム、G・E・M、『インテンション』、菅豊彦訳、産業図書、一九八四。

内海愛子・徐京植・高橋哲哉（編）、『石原都知事「三国人」発言の何が問題なのか』、影書房、二〇〇〇。

大重史朗、「国内における外国人犯罪と法的課題——多文化共生社会実現に向けた意識調査からの考察——」（『中央学院大学法学論叢』、三二（二）、二〇一七、一一九～一三七頁）。

小田静夫、「旧石器遺跡捏造事件をあらためて問う」（『考古学研究60の論点：考古学研究会60周年記念誌』、考古学研究会、二〇〇四、一九五～一九六頁）。

キューン、マンフレッド、『カント伝』、菅沢龍文・中澤武・山根雄一郎訳、春風社、二〇一七。

小谷英生、「フランス革命についてのカントの見解—バーク、ペイン、ゲンツとの比較をつうじて—」、西田照見・田上孝一編、『現代文明の哲学的考察』、社会評論社、二〇一〇、四九～七六頁。

——「政治に対する道徳の優位—いわゆる『嘘論文』におけるカントのコンスタン批判について—」、『群馬大学教育学部紀要』第六七巻、二〇一八、七七～八六頁。

小谷英生・網谷壮介・飯田賢穂・上村剛（編著）、『歴史を書くとはどういうことか　初期近代ヨーロッパの歴史叙述』、勁草書房、二〇二三。

菅沢龍文、「カントの『虚言権』論文の問題：道徳的義務の両立について」法政大学文学部紀要、六〇巻、二〇一〇、五三～六七。

杉本隆司、『民衆と司祭の社会学　近代フランス〈異教〉思想史』、白水社、二〇一七。

堤林剣、「バンジャマン・コンスタンの一貫性とアンビヴァレンス：コンスタン—カント虚言論争を手掛かりとして」（『法學研究・法律・政治・社会』、七五巻第八号、二〇〇二、一～四五頁）。

中島義道、『ウソつきの構造　法と道徳のあいだ』、角川新書、二〇一九。

中央教育審議会初等中等教育分科会、「教師を取り巻く環境整備について緊急的に取り組むべき施策（提言)」、二〇二三。

丸山眞男、「反動の概念」(『丸山眞男集』第七巻、岩波書店、一九九六、七七~一一〇頁。)

保坂希美、「カント倫理学における嘘の問題」、新潟大学大学院現代社会文化研究科(修士論文)、二〇一一。

谷田信一、「カントの実質的義務論の枠組みと「嘘」の問題」(『現代カント研究Ⅱ批判的形而上学とはなにか』、理想社、一九九〇、二二八~二七二頁。)

Annen, Martin, *Das Problem der Wahrhaftigkeit in der Philosophie der deutschen Aufklärung: Ein Beitrag zur Ethik und zum Naturrecht des 18. Jahrhunderts*, Würzburg, 1997, S. 97-124.

Benton, Robert J., "Political Expediency and Lying: Kant vs Benjamin Constant". In: *Journal of the History of Ideas*, Vol. 43, No. 1, 1982, pp. 135-144.

Grünewald, Bernward, "Wahrhaftigkeit, Recht und Lüge". In: Rohden, V. et al., *Akten des X. Internationalen Kant-Kongresses*, Bd.3,Berlin-New York, 2008, S.148-160.

Mahon, James Edwin, "Kant on Lies, Candour and Reticence". In: *Kantian Review*, Vol.7, 2003, pp.190-203.

Stahl, Elena, *Die Lüge als Pflicht gegen sich selbst nach Immanuel Kant. Gibt es Pflichten gegen sich selbst?: Eine Diskussion*, Grin, 2015.

Vuillemin, Jules, "On Lying: Kant and Benjamin Constant". In: *KS* 73, 1982, pp.413-424.

Wagner, Hans (Hrsg.), "Kant gegen 'ein vermeintes Recht, aus Menschenliebe zu lügen'". In: *KS* 69, 1978, pp.91-96.

《著訳者略歴》

小谷 英生（こたに ひでお）

1981年生れ。群馬大学共同教育学部准教授。専門は哲学、倫理学、社会思想史。著書に『歴史を書くとはどういうことか：初期近代ヨーロッパの歴史叙述』（勁草書房、2023年、共編著）、『悩めるあなたの道徳教育読本』（はるか書房、2019年、共著）など。共訳に、ハルトムート・ローザ『加速する社会　近代における時間構造の変容』（出口剛司監訳、福村書店、2022年）など。

イマヌエル・カント（Immanuel Kant）　第5章

1724年生れ。ドイツ（プロイセン）の哲学者。著書に『純粋理性批判』、『実践理性批判』、『判断力批判』、『永遠平和論』など多数。1804年没。

カントの「嘘論文《うそろんぶん》」を読《よ》む――なぜ嘘《うそ》をついてはならないのか

2024年4月22日　第一版第一刷発行

著訳者　小谷 英生

発　行　有限会社 白澤社《はくたくしゃ》

〒112-0014　東京都文京区関口1-29-6　松崎ビル2F

電話03-5155-2615／FAX 03-5155-2616／E-mail：hakutaku@nifty.com

https://hakutakusha.co.jp/

発　売　株式会社 現代書館

〒102-0072　東京都千代田区飯田橋3-2-5

電話　03-3221-1321㈹／FAX　03-3262-5906

装　幀　装丁屋KICHIBE

印　刷　モリモト印刷株式会社

製　本　鶴亀製本株式会社

用　紙　株式会社市瀬

 ISBN978-4-7684-8001-4